# 仰韶玉韵

主　编

叶舒宪

副主编

马社强

王　伟

上海交通大学出版社

SHANGHAI JIAO TONG UNIVERSITY PRESS

## 内容提要

仰韶文化是我国新石器时代最重要的考古学文化,其时间从距今 7000 年至 5000 年,延续两千年之久;其空间分布在中原及周边地区,堪称孕育中华文明的重要母胎。天地玄黄梦,中原玉祖根。玄玉,是《山海经》所记中华民族共祖黄帝播种的天下最优玉石,后世又称墨玉。由于先民信奉天玄地黄的二元色宇宙观,玄玉的神圣性蕴含得以彰显。本书以尹家村出土的"玄玉"斧钺为主,辅之以该遗址的其他文物,包括陶器和石器等,尽可能地还原尹家村所代表的"玄玉时代"〔指距今 5500 年至 4000 年的中原主要用玉传统〕的历史风貌,希望有助于推动尹家村遗址乃至整个仰韶文化研究的深入开展。

## 图书在版编目 (CIP) 数据

仰韶玉韵 / 叶舒宪主编 . -- 上海:上海交通大学
出版社 , 2025.5

ISBN 978-7-313-30854-2

Ⅰ . ①仰… Ⅱ . ①叶… Ⅲ . ①仰韶文化 – 研究 Ⅳ . ① K871.134

中国国家版本馆 CIP 数据核字 (2024) 第 108767 号

## 仰韶玉韵
YANGSHAO YUYUN

主　　编:叶舒宪

出版发行:上海交通大学出版社　　　　　　　地　　址:上海市番禺路 951 号
邮政编码:200030　　　　　　　　　　　　电　　话:021-64071208
印　　制:上海雅昌艺术印刷有限公司　　　　经　　销:全国新华书店
开　　本:787mm×1092mm　 1/16　　　　　印　　张:14.25
字　　数:192 千字
版　　次:2025 年 5 月第 1 版　　　　　　　印　　次:2025 年 5 月第 1 次印刷
书　　号:ISBN 978-7-313-30854-2
定　　价:198.00 元

# 序

# 一

　　仰韶文化以绚烂的彩陶为重要特色，不过当考古关注玉器与古代中国文化的紧密关系时，一些研究者就开始思考仰韶人对于玉的认知，许多人心存疑惑，由已有的考古发现看，我认为玉之于仰韶，二者的关系似乎没那么明确。

　　仰韶人用玉，在考古中有过一些零星发现，不过因为发现有限，大家觉得可能是仰韶人偶尔为之，还不能将之视作确定的文化传统。不过到了2021年，叶舒宪教授研究"玄玉时代"取得重要进展，他确认仰韶时期已经开始规模琢玉，而且所选玉料以墨色为主，这是初步认知了仰韶之玉。针对仰韶之玉，咸阳博物院不仅举办了专题展览，还举办了专题研讨会。这次出版的《仰韶玉韵》，正是这次展览与研讨的成果集。主编叶舒宪先生嘱我为序，因为这次的展与会我也是亲历者，我将这看作是写一写感受的一个机会，也是一件快事。

　　玄玉本来就见载于古籍，在《山海经·西山经》中有黄帝种玄玉的记载，玄玉即是墨玉，指接近墨黑色的玉。《楚辞·招魂》有"红壁沙版，玄玉梁些"的句子，后人以为宫中出现了玄玉作梁的殿堂。而《尚书·禹贡》中有"禹锡玄圭，告厥成功"的句子，说的是大禹以玄圭献祭。在考古中，河南灵宝西坡和陕西高陵杨官寨的仰韶时期庙底沟文化遗址，都曾出土过墨玉钺。其实在更早的1957年，陕西咸阳尹家村新石器时代遗址就出土过一些深色玉斧，当时被记录为石斧一直收存在库房里。叶舒宪先生辨识出这些是墨玉斧钺，并且依文献定义为玄玉。这样一来，仰韶玄玉便得以重见天日，学界进一步确认了仰韶人的用玉与制玉传统。随之叶舒宪先生的《玄玉时代：五千年中国的新求证》（上海人民出版社，2020年）问世，进一步深化了对仰韶文化玄玉的认识。一个展，一次会，再加上这本书，玄玉的概念清晰化了，仰韶文化的内涵也更加丰富了，仰韶被纳入久远的玉文化传统中。这些是中国玉文化研究中发生的非常重要的事情。

从仰韶文化发现的几处墨绿色玉钺观察，我们得知仰韶玉器多采用单一的墨绿色蛇纹石玉料，统计有百余件玉器。叶舒宪先生敏锐判断，中原地区玉文化起源的第一个时代是以"玄玉"为基本特色。"仰韶玉韵"特展，首次对玄玉即墨玉的文物与玉料资源进行集中展示。仰韶文化玄玉类文物的种类不多，主要为斧钺类器具，均出土于大、中型墓葬，彰显墓主所具有的特别身份与地位，有礼器性质。对仰韶文化玄玉的认定，直接改变了有关仰韶文化无用玉观念的认识，也将仰韶文化纳入早期东亚用玉传统的文化体系中。

仰韶文化是否已有用玉传统，我曾在《仰韶悬璧：一个猜想中的发现》（中国考古网，2008年12月30日）一文中作出猜想。古代璧琮文化作为一种成熟的玉文化，在一些考古学者看来，这一定是良渚先民的创造，他们没有理由认为璧与琮是中原固有的传统。后来在庙底沟二期遗址发现了玉璧、玉琮，大家对璧与琮为良渚先民的创造产生了一些疑惑。我通过彩陶中的纹饰，推测仰韶人已经在使用玉璧，有研究者也写过相关文章，他们指出璧、琮这两种深刻影响古代中国的礼器，起源地可能为中原地区（本地），璧、琮的发生时代也许在仰韶文化时期，中原地区的璧、琮当自有渊源。

我们以为对仰韶文化已经了解得很清楚了，但每一次新的发现总会给人带来惊喜，对已经发掘获得的资料也需进行再发掘和再辨识。这次尹家村遗址出土的"玄玉"的再发现，让我们看到了仰韶文化研究的新突破与方向。我们知道良渚文化的璧、琮都是出自一些重要的墓地，而仰韶文化类似的墓地至今绝少发现，一旦发现了高等级的墓葬，那结果一定是可以期待的。灵宝西坡遗址的大型墓地已经出土了不少玉器，这就是一个很好的兆头。近年在河南南阳黄山遗址发现了仰韶文化时期保存较好的建筑群，生动再现了仰韶人制造玉石器及生活的原始场景。三座仰韶文化晚期的大型玉石器生产作坊为前坊后居式建筑，建筑规划整齐、体量宏大、结构复杂，它表明仰韶人已经是制玉人，仰韶时代有玉器和玉作坊已经不应再被质疑。

仰韶玄玉的认定，其实与对旧发现的"二次发掘"有关，也即与对旧资料的重新认识有关。我们不妨对重点遗址的相关库存资料仔细翻检一番，重新鉴定一下，对那些早先被当作石器认识的斧钺类器具，多加关注。特别是多多留意深色的玉器，让它们重新焕发光芒。针对仰韶文化的玄玉之器，特别是礼器之类的玉器，一定会有更多的发现。

仰韶玄玉重光，出彩的仰韶不能没有玉光闪耀。

**王仁湘**

著名历史学家、考古学家
中国社会科学院考古研究所研究员
2025 年 4 月 23 日

# 序

# 二

仰韶文化是中国新石器时代中期的一种远古文化，其分布范围是从甘肃至河南的黄河中游地区，持续时间距今 7000—5000 年，对周边的文化均产生过广泛影响。按照一般常识，多数人都认为黄河中游的仰韶文化并无使用玉器的传统，其实仰韶文化早期阶段就有玉器制作，只不过种类和数量较少，不大引人关注。但是汉中盆地汉中市南郑区龙岗寺仰韶文化半坡类型的墓葬就出土了一批透闪石玉器和数量颇丰的绿松石。如半坡类型的 M345，墓主人为中年男性，此墓长 2.75 米、宽 1.62 米，是单人墓葬中最大的一座，陪葬品多达 35 件。墓主人左手旁放置一件玉质莹润细腻、抛磨光亮的白玉铲，从外观看极似后来的和田白玉，右腿上放置两件分别长近 50 厘米的磨制考究的大型石铲。这件白玉铲和两件大型石铲都是代表墓主人身份地位的标志物。半坡类型 M314 墓主人为男性，在墓主人颈下发现 1 件倒置的绿松石桥形璜，复原长 22 厘米、宽 2.6 厘米、厚 0.8 厘米，器身中部有两个斜向对钻穿孔，可悬挂它物，这是一件形体较大、制作考究的高级装饰品。这些都反映了汉中盆地在仰韶文化早期就有比较丰富的玉文化。但这些玉器应归之长江流域玉文化，尤其大型折角绿松石桥形璜应是大溪文化的产物。

什么样的玉器可被视为黄河中游仰韶文化的代表？杨建芳先生认为丁形笄是仰韶文化最具特色的玉器，且流行于陕西地区。如武功游凤仰韶文化遗址出土的丁字形深黑色玉（蛇纹石）笄，长达 25.7 厘米，是迄今为止制作最精良、最大的一件，现藏于西北大学博物馆。近年在蓝田新街仰韶文化晚期遗址则发现数量极多的丁字形玉笄，包括制作玉笄的原石和半成品。这些玉笄的原材料应是来自甘肃武山县鸳鸯镇一带的所谓鸳鸯玉（蛇纹石），而蓝田县并不存在此类玉材。

河南灵宝西坡仰韶文化晚期墓葬发现十余件蛇纹石玉石钺，从各种现象观察，这些玉石钺均应属代表墓主人身份的礼器，这对学术界追溯黄河流域仰韶文化玉礼器具有启发性。著名神话学与文学人类学家叶舒宪先生和他的团队，从 2014 年起就关注远古时期黄河流域玉石资源的分布和交流传播活动，并组织了十七次玉帛之路的考察和调查，对西玉东输的路线考察详实、论证严密，取得诸多科研成果。他们在甘肃、陕西等不少考古所、博物馆的库房中发现了众多属仰韶文化的深黑色或墨绿色斧形钺。这些器物一般被误认为是石质工具，但它们多数形制规整，磨制精细，打磨光亮，均钻有孔，由此可见它们并不是单纯的生产工具或武器，而是代表身份地位的礼器。

叶舒宪先生阅读了 1957 年陕西省文管会对咸阳秦都区尹家村遗址的调查报告，发现当年采集到的 15 件石斧需要关注和研究，可惜当年并未发表完整、清晰的照片。他通过咸阳博物院网站的照片推测：这批文物很可能是玉钺而不是石斧。2021 年春节后，他请学生——在咸阳西咸新区工作的王伟硕士，走访咸阳博物院，在马社强院长的大力支持下，他们打开深锁多年的库房，观摩到这十几件采集品，结果证实这批所谓石斧均是蛇纹石玉器，应定名为玉钺，印证了叶舒宪先生的推断。这些蛇纹石玉钺均形制规整，打磨考究，几乎都是精品，是迄今为止一次性发现最多的仰韶文化玉钺，开创了仰韶文化玉礼器生产之先河。这些蛇纹石玉或呈深黑色，或呈墨绿色，叶先生依据古书，将其称为玄玉，以区别于其他白、青、黄色玉，并继而提出"玄玉时代"的概念。这真是脑洞大开，是一种理论探索和创新，极大丰富了中原仰韶玉文化研究的格局和内涵，具有积极意义。后经上海应用技术大学刘卫东教授的近红外光谱仪测定，这些玉钺中有一件不属于蛇纹石玉，而是碧玉。这在中原仰韶文化玉器中是极为罕见的，其制作人是何人？其原料来自何方？耐人寻味。

　　进入龙山时代之后，在甘青地区发现了不少透闪石玉，因此不论是客省庄二期文化遗存还是石峁遗址、芦山峁遗址、陶寺遗址出土的玉器中，透闪石玉日渐增多，但仍有一定比例的蛇纹石玉，二者所占比例与遗址等级有关。遗址等级越高，透闪石玉比例越高，石峁遗址发现大量黑色牙璋，已有学者将其称为"玄圭"，这些"玄圭"几乎都是透闪石玉质。仰韶文化玄玉（色深黑）是否影响到后来的客省庄二期文化、石峁文化、陶寺文化的玉器审美取向，如玉礼器牙璋（玄圭）、深黑色玉大刀等的材质选择，也是需要进一步研究的课题。


**刘云辉**

陕西省文物局原巡视员
陕西省文物鉴定委员会主任
2025 年年 4 月 14 日

# 序

# 三

　　2021年，是中华文明史与现代考古学史上值得纪念的年份。这一年是仰韶文化发现100周年。大家知道，仰韶文化是我国新石器时代最重要的考古学文化，其时间从距今7000年到5000年，延续两千年之久；其空间分布在中原及周边地区，可谓中华文明的摇篮。

　　仰韶文化如何与玄玉发生关系？一般人不大知道。玄玉，又称墨玉，是玉的一种。早在《山海经·西山经》里就有黄帝种玄玉的记载，玄玉被视为天下最优玉石。后世由于先民信奉天玄地黄的二元色宇宙观，便赋予玄玉以玄幻的神圣性。上古神话也由于近年来史前玄玉文物的大量发现和释读，而被赋予一定的信史性。

　　自仰韶文化发现百年来，一直没有规模性的玉礼器发现。21世纪初，在以河南灵宝西坡和陕西高陵杨官寨为代表的仰韶文化庙底沟期遗址中，先后发现墨绿色蛇纹石玉钺的批量生产和使用。这一发现揭开了中原玉文化发生的序幕，改写了中国玉文化的历史，对于认识文明国家起源具有重要意义。1957年发现的咸阳尹家村新石器时代遗址位于渭河岸边，当时出土一批深色蛇纹石玉斧钺，可惜"养在深闺人未识"，长期沉睡在文物库房里。

　　2021年2月，上海市社会科学创新研究基地——上海交通大学神话学研究院专家团队由叶舒宪教授领衔在咸阳博物院协助下辨识出这一批珍贵文物。其中墨色、墨绿和绿色蛇纹石玉斧钺多达 15 件，超过灵宝西坡和杨官寨两地出土玉钺的总和。根据考古学对尹家村遗址时代的初步判断，这批玉石斧钺的制作年代可能接近仰韶文化半坡时期，距今 5500 年。它们是承载中原文化五千多年历史的瑰宝，其被辨识和价值重现，代表着迄今所知玉礼器登场中原文明的第一缕曙光。

2021 年 5 月，咸阳博物院为此举办展览，同时举办玄玉时代考古专家论坛，并形成了读者现在所看到的这本著作《仰韶玉韵》。本书收集 11 篇专论，其中 5 篇围绕仰韶文化咸阳尹家村玉钺群展开系统性的辨识、分析，取得了令人信服的结论。此外，有 2 篇论文是对中华文明探源研究新理念"玄玉时代"的阐发，1 篇论文是通过文学人类学派"四重证据法"与文明探源的关系来彰显新文科研究范式，1 篇论文是从仰韶玉器与古代中国的神权认同视角来揭示尹家村遗址出土"玄钺"的历史底蕴，还有 2 篇是对叶舒宪教授大作《玄玉时代：五千年中国的新求证》（上海人民出版社，2020 年）的研究性书评。应该说这是一部内容丰富、图文并茂的读物，对于深化认识仰韶文化和玄玉时代大有裨益。

2021 年，可谓叶舒宪教授研究"玄玉时代"取得突破性成果的一年，也是我对"玄玉时代"的"认识元年"。这一年 12 月下旬，我们一群 20 世纪末曾经在海南大学工作的老同事、老朋友外加龚鹏程教授在三亚举行小规模校友会。12 月 25 日中午餐叙时，舒宪告诉我们中国古代传统有新的四大发明：小米和大米（1 万年），玉（2 万年），缫丝（8000 年）。龚鹏程解释中国上古文化的独特性体现在礼器上，尤其是食器，国外没有蒸器，不懂蒸菜，不会蒸鱼，蒸菜的工具中国人几千年前就很成熟。西方的果酒早被中国淘汰了。人类文明的分期不能总是像过去那样以生产工具来分期（石器时代、青铜时代、冶铁时代等），应有新的分类方法。当天晚上，舒宪教授给我们几位老校友做讲座，题目是"玄玉重光：元宇宙中国版的再启"，他说讲 20 分钟，实际上讲了 1 个多小时。这讲座很精彩，内容让听者耳目一新。

其主旨：证实距今 5500 年到 4000 年，中国历史上存在一个"玄玉时代"。他演讲的风格还是和过去一样，讲到得意处，挥舞双手，表情丰富。他讲完后，各位专家发表意见：闫广林教授认为，舒宪的研究成果特别具有战略意义，可以帮助提高民族文化自信，重新认识中国五千年历史，并能据此设计中原文化旅游的专题线路。赵康太教授半开玩笑地说，听了舒宪的讲座，都想读舒宪的博士了。王国华教授愿意为在国内收藏界的史前玄玉标本去尝试新建专题博物馆的可行性。对于我而言，舒宪的讲座是"玄玉时代"的启蒙。当时，舒宪送我两本书：《玄玉时代：五千年中国的新求证》《〈论语〉：大传统视野的新认识》（与萧兵合著，湖北人民出版社，2020 年）。正是 2021 年底这次聚会及舒宪两部大作，才使我获得对"玄玉时代"和口传文化时代的新认识，这些都属于当今的文学人类学派从知识考古意义上再发现的"文化大传统"。没想到不到三年，舒宪教授嘱我为这部新书写序，我这个"外行"只能就我先睹为快的感受发表粗浅的看法，也算对我们 20 世纪末的琼州相聚六载之书生意气，聊表怀念之情。不当之处，请读者谅解、指正。

　　是为序。

**张三夕**

华中师范大学文学院教授
深圳图书馆特聘研究员
2025 年 4 月 12 日

御韶玉韻

以百年来中原仰韶文化新发现的两处
墨绿色蛇纹石玉钺群组为例，
揭示距今五千年以上的中原文化用玉
传统的起源情况

# 目录

文

咸
陽
博

文庙

Y1 玉钺

Y1 玉钺

Y2 玉钺

Y3 玉钺

刃部的局部图

Y4 玉钺

Y5 玉钺

Y6 玉钺

Y7 玉钺

Y8 玉钺

Y9 玉钺

Y10 玉钺

Y11 玉钺

Y12 玉钺

Y13 玉钺

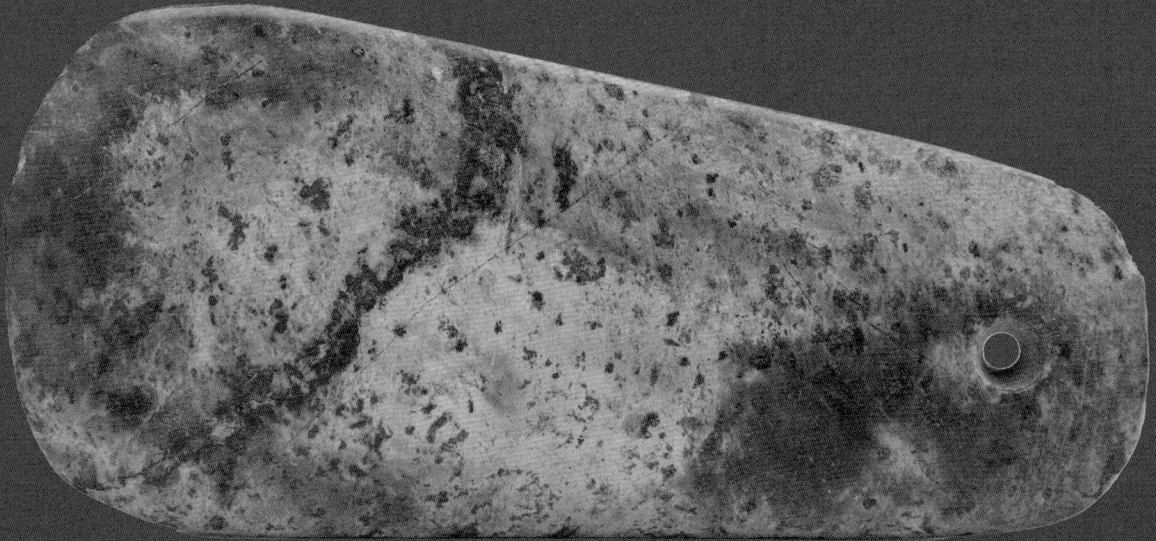

Y14 玉钺

Y15 玉钺

# 仰韶文化（中原）玉钺群初探
## ——灵宝西坡与咸阳尹家村玉钺群的对比分析

叶舒宪

国内新文科研究的领先团队文学人类学派，在 2021 年协助咸阳博物院举办纪念仰韶文化发现一百周年的"仰韶玉韵"展。以百年来中原仰韶文化新发现的两处墨绿色蛇纹石玉钺群组为例，揭示距今五千年以上的中原文化用玉传统的起源情况，落实在河南灵宝西坡墓地和陕西咸阳尹家村遗址的共计 27 件玄玉玉钺的对比分析上。文章说明中原文明起源期的第一线玉礼器曙光，是怎样在上五千年文化的尾段，揭开史前社会高等级奢侈品生产的序幕，并确立玉钺为前青铜时代神圣符号物的至高地位，为在下五千年的文明史中催生出"玄黄二元色"的宇宙编码模型和早期中国叙事体系模型，奠定信仰观念的基础。

## 一、仰韶玉器：辨识困境

新文科的基本宗旨是大力开展和扶持交叉学科的研究，引导学术创新。改革开放以来在国内催生的新兴交叉学科的代表——文学人类学，从语言文学专业中走出来，先主动交叉文化人类学，后又努力结合考古学和艺术史，大力实践交叉研究。在 2013 年以来的十几年间，连续完成国家重大项目三项，简称"玉成中国三部曲"，并于 2016、2019、2023 年三次荣获国家社科基金中华外译项目。2023 年入选成果为专著《玄玉时代：五千年中国的新求证》。该成果出版两个月后，便在中原文明的腹地再度发现一批五千年前的国宝文物玄玉玉钺。文学专业人士是如何在考古文博学方面展开大胆的交叉学科研究的呢？

1921 年仰韶文化首次被瑞典学者安特生发现和命名。这个事件是中国考古学诞生的标志。当时所知的仰韶文化遗物主要是陶器和石器，并没有发现规模性的玉器存在。一百年来已经发掘披露的仰韶文化遗址数量已经超过 5000 处，而其中的规模性玉礼器的发现则如同凤毛麟角一般。像陕西汉中南郑龙岗寺遗址玉器的发现，因其地处中原以外的边缘区，应有其得天独厚的本地玉料资源的地理条件，当属仰韶文化遗址中的例外情况。目前已知中原仰韶文化玉器多采用单一的墨绿色蛇纹石玉料，即古书中所称的黄帝时代之"玄玉"。

1957 年，陕西咸阳尹家村仰韶文化遗址在文物普查工作中被发现，并陆续采集到陶器和玉石器，以玉钺为主。这一批珍贵的玉斧钺，数量常可观，在地下埋藏五千多年之后，得以在渭水北岸边出土，重见天日。但当时学界对仰韶文化的认识水平，以及对我国史前玉文化的认识水平，都非常有限。以至于这批玉礼器，并没有从石器中被有效辨识出来，得以区别对待。也就是没有被当成玉礼器或史前社会中十分稀有的奢侈物，而是被当成一般的石质劳动工具。极为稀罕的仰韶文化出土玉钺，就这样以其发黑发暗的色调和朴素无纹饰的外表，而被混同于一般的黑色斧类别之中。于是，它们只能默默无闻地闭锁在咸阳博物院的文物库房里，无人问津，一睡就是整整六十年。

2021 年春，中国比较文学学会文学人类学研究分会的专家团队，以上海交通大学神话学研究院名义协助咸阳博物院举办"仰韶玉韵特展暨玄玉时代专家论坛"，终于等到让这批珍贵文物从沉睡中苏醒并且再度焕发出光彩的一天。新文科的交叉研究，又是如何激活沉睡五千年的国宝文物呢？

从纪念仰韶文化发现一百周年的视角回看，在这一个世纪里，以中原地区为中心的仰韶文化遗址分布，已经报告有总共 5200 多处。其中以在陕西省的遗址数量最多也最密集，达到 2000 多处。其中又以渭河及其支流地区的分布最为集中，却始终没有一处报告仰韶文化玉礼器群的发现。与陕西毗邻的河南省最西端的灵宝西坡遗址，

在 21 世纪初发掘出土仰韶文化庙底沟期高等级墓葬群，有 12 件玄玉玉钺出土，揭开中原仰韶文化晚期玉礼器研究的序幕。2021 年在咸阳博物院库房内辨识出的同类玉钺群（共计 15 件组），在数量和质量上并不亚于灵宝西坡的玄玉礼器。同年 5 月在咸阳博物院揭幕的仰韶玉韵特展（见图 1），至今已有将近四年时间，尚没有规模数量能够达到或超过咸阳尹家村遗址仰韶玉礼器发现的。

2005 年 4 月 10 日至 7 月 2 日，马萧林先生主持的河南省考古队在灵宝西坡展开第五次发掘工作，以 15 个大探方的规模，总计发掘面积 1540 平方米，终于找到了仰韶文化庙底沟期墓葬，共有 22 座墓。这堪称仰韶文化研究百年史上的石破天惊时分，是 94 年来首次在中原发现仰韶文化中后期的规模性墓葬群。5300 年前埋入地下的 9 件玉钺（8 件为深色蛇纹石，1 件为白色方解石）重见光明（见图 2）。随后，2006 年由李新伟先生主持第六次发掘，又找到 12 座墓葬和 4 件蛇纹石玉钺。总计 13 件承载着五千年以上历史信息的深色玉钺（外加 3 件石钺）在渭河汇

◎图 1 咸阳尹家村玉石钺群 17 件合影（上排左起第 2 和第 3 件为石钺，其余多为蛇纹石玉钺，仅有下排左起第 5 件为透辉石玉钺）。2021 年 5 月 10 日摄于咸阳博物院

入黄河后的南岸一边，即灵宝黄帝铸鼎原圣地横空出世，这就彻底打破仰韶文化没有玉礼器传统的魔咒和成见，为中原玉文化史研究翻开崭新的一页。

2017年4月，中国比较文学学会文学人类学研究分会、上海交通大学、《丝绸之路》杂志社和中国甘肃网联合组织第十一次玉帛之路文化考察。在陕西省考古研究院协助下，经由王炜林先生引介，从西安启程的第一站就到了发掘中的高陵杨官寨仰韶文化遗址考古工地。考察团在杨利民领队指引下看到刚发掘出土（尚未公布和发表）的2件深绿色蛇纹石玉钺，其地理位置恰恰就在渭河泾河交汇处；和灵宝西坡玉钺群的位置（在渭河汇入黄河处）形成对比，暗示着玄玉玉料的来源与输送方向和渭河密切相关。随后即在进入甘肃陇东的宁县、正宁县和庆城县等博物馆以及陕北富县博物馆库房等处，看到一批同类的玉钺。这些都分布在渭河最大的支流泾河及其支流流域。有关仰韶文化玄玉玉器分布与泾渭两河流域的关联现象引起考察团的注意，我们在田野调研的同时便通过中国甘肃网及时刊发《仰韶玉钺知多少——从正宁到庆城》等系列文章，对这种现象做初步提示。原来是文学人类学的田野作业经验模式给文学研究者带来前所未有的新材料

◎图2 河南灵宝西坡2005年第五次发掘出土的9件玉钺中，8件为玄玉即墨绿色蛇纹石玉钺，1件（上方中央）为方解石玉钺。图片引自《玄玉时代：五千年中国的新求证》第38页

和史前文化的最新信息。

在这次考察的途中，团队成员普遍意识到仰韶玉钺在黄河中游地区特别是泾河、渭河流域的分布，不是孤立现象，而具有相当的广泛性，及时写成《认识玄玉时代》短文，在 2017 年 5 月 25 日《中国社会科学报》刊出，这篇文章成为文学人类学研究仰韶文化玄玉礼器的发端之作。

机缘巧合，2018 年 6 月 30 日，河南博物院马萧林院长邀请笔者参与该院和河南省文化厅合办的中原国学讲坛，讲题是"玄玉时代：中华文明探源的神话学研究"。讲座的主持人和点评人就是马萧林院长。他还惠赐新作《河南灵宝三件馆藏玉钺的年代及相关问题》，介绍他在灵宝文管所调研时再度发现的 3 件玄玉玉钺。笔者将这些内容都写入书稿《玄玉时代：五千年中国的新求证》，于 2018 年 7 月完成交稿。随即利用暑假，踏上第十四次玉帛之路（北洛河道）文化考察的征程，在渭南师范学院领导和同仁们的协助下，对渭河汇入黄河之前的最后一个较大支流——北洛河流域，进行考察，再度找到一批仰韶文化至龙山文化的玄玉玉礼器。这次田野考察的简报，以"玄玉与黄帝"为题，刊登在《丝绸之路》2018 年第 11 期上。

## 二、仰韶玉钺社会功能的初步认识

虽然从目前所知数量看，尹家村玉钺群总计 15 件，略多于 21 世纪初在河南灵宝西坡出土的玉钺群，但是由于这批文物来自当年文物普查的采集，缺少发掘所知的具体地层关系，我们对仰韶文化玉礼器的社会功能认识，还需要先着眼于灵宝的考古发掘玉礼器，由此来对尹家村玉礼器的生产和使用语境做出某种举一反三式的初步推测。

灵宝西坡的玉石钺群，其总数是 16 件，外加 1 件玄玉玉环残件。若将这 16 件玉石钺中的 3 件石钺除外，还有 13 件玉钺。若将其中 1 件浅色方解石玉钺再除外，则剩下总数为 12 件的玄玉玉钺群。这个数量略少于咸阳博物院藏15件尹家村玄玉玉钺群。灵宝西坡的玉钺全部出自仰韶文化庙底沟期的墓葬，并没有例外的情况。这就给推测尹家村玉钺的原初语境，提供了非常重要的参照系。但也不必刻舟求剑，在理论上不能排除仰韶文化先于庙底沟期的时间段里也有玉礼器出现的可能。

具体来看，灵宝西坡的六次发掘工作，共找到仰韶文化墓葬34座，有玉石钺随葬的墓共10座，约占墓葬总数比例的三分之一。这10座墓中的M24随葬1件石钺，其余9座墓随葬玉钺（或玉钺加石钺）。由中国社会科学院考古研究所和河南省文物考古研究所合作编著的考古报告《灵宝西坡墓地》，根据墓葬规格和随葬器物情况，将这34座墓划分为四个等级。笔者尝试对报告内容再做初步统计分析，可以得知：玉钺的大小体量与墓葬等级之间，呈现为明显的正相关关系，但是这也不是绝对的。如随葬玉钺的9座墓中，属于一、二、三等级的墓都有，唯独没有第四等级的墓。第四等级墓之所以级别最低，是因为在15座属于该等级的墓葬中，除了1座墓M5出土1件纺轮以外，其余墓葬都没有任何随葬品。这一定和墓主人在当时社会中身份地位较低有关。

有随葬品的前三等级墓共19座。其中有3座墓属于第一等级。在3座第一等级墓葬中，随葬品也明显有优势。但也有1座第一等级墓M27，没有随葬玉钺和石钺，而是以陶器大口缸2件和宽大脚坑而领先于其他墓的。为什么有大件陶器随葬，却没有玉钺呢？值得深思。

在总共13件玉钺中，长度超过20厘米的仅有2件，其中一件22.9厘米的就出自第一等级墓M8；另一件长23.4厘米的玉钺则出自第二等级墓M34。这也能反映出蛇纹石玉料作为当时中原社会的稀缺资源，墓葬等级高者才能拥有更多资源的情况。对照之下，咸阳尹家村15件玉钺中体量最大的一件，也是最长者，为26厘米。这要比灵宝西坡墓地最长的玉钺还要长2.6厘米。而从已知的玉矿产地即甘肃天水市武山县鸳鸯玉矿山，其到陕西咸阳的距离显然更近于河南灵宝，也略近于新发现仰韶玉钺的高陵杨官寨遗址。渭河成为链接五千年前这四地之间关联的天然地理纽带。按照近水楼台先得月的道理，是甘肃武山和秦安大地湾遗址的史前先民最早利用号称鸳鸯玉的这一批蛇纹石玉料，其年代也显然要比陕西和河南的仰韶文化玉器更早，达到距今6000年以上。笔者特邀大地湾博物馆的专家张正翠女士撰写《大地湾出土玉器简介》一文，收录在拙著《玄玉时代：五千年中国的新求证》书后，作为附录。

　　灵宝西坡墓葬中作为第一等级墓的M8，共有随葬品11件（玉钺1件，陶器9件，骨箍形器1件）。[1] 另一座第一等级墓M17，随葬品数量为12件，其中包括2件蛇纹石玉钺和1件石钺，以总数3件钺的数量居整个墓葬群的前列。此外还有整个灵宝西坡墓群随葬品中唯一的1件骨箍形器。其出土时的位置在墓主人头顶上方15厘米处，若是发箍的话，似乎距离稍远。从其内径8.8厘米看，这件骨箍也可用为臂镯。这在中原地区仰韶文化墓葬中也是少见的奢侈品。此外在属于第二等级墓的M11中还出土象牙镯1件，内径6.2厘米，完全适合成年男性佩戴，却位于该墓中的3岁幼儿的尸骨旁。或为对早殇者的某种特殊葬礼待遇。庙底沟期的仰韶社会较为流行的手镯形式是陶镯，象牙镯则罕见。笔者在西北地区的第十次玉石之路考察中，曾经面对甘肃漳县晋家坪遗址的仰韶文化手镯残件标本写过小文《戴手镯的仰韶人——漳县晋家坪遗址印象》。参照有关庙底沟期的考古报告《华县泉护村》，一般称为"陶环"，其内径在5—6厘米的陶环应为手镯，4厘米上下的或为儿童手镯，或为佩饰环。仅在泉护村的庙底沟一期文化的1座灰坑H28就出土陶环93件，其

[1]　中国社会科学院考古研究所、河南省文物考古研究所：《灵宝西坡墓地》，文物出版社，2010年，第35—40页。

中内径在 5—6 厘米的陶环数量在半数以上。[1] 除了较为常见的陶镯，仰韶社会还生产少量石镯、骨镯和玉镯，如蓝田新街遗址出土的骨镯（H331:23）[2] 和玉镯（环）残件（G22:112;H162:9）等。灵宝西坡墓地仅有 1 件象牙镯和 1 件残玉环出土。这件玉环也是由墨绿色蛇纹石玉料制成，是 M22 的随葬品，墓主人为 16—20 岁的女孩，现场测量身高为 152 厘米。[3] 残玉环放在右膝右侧。虽然没有戴在手腕，但从玉环内径 5.3 厘米判断，恰好适合身高 152 厘米的女孩佩戴。

西坡墓地属于第二等级墓的 M11，是所有墓葬中唯一随葬 3 件玉钺的墓，此墓为一位母亲和一个婴儿的二次合葬墓。[4] 其随葬器物多而且规格高，明显表示其社会等级身份的优越。在 3 件玉钺中有 2 件分别为深墨绿色和深绿色蛇纹石，1 件为乳白色方解石。3 件玉钺的摆放位置全部是刃部向西。这就对应仰韶晚期墓葬的头向西方之普遍模式。

在 19 座有随葬品的墓葬中，随葬陶釜灶的墓 11 座，其中黄土色陶灶对应玄色玉钺的墓葬有 4 座。这是迄今在灵宝西坡墓地仅见的仰韶文化墓葬中的玄黄二元色对应礼器结构现象，非常值得探究。在南方良渚文化高等级墓葬中也有类似的将玄黄二元色器物作为对应随葬品的现象，那就是用 1 件"南瓜黄"色的玉钺对应 1 件或多件深色石钺的规则性现象。[5] 笔者将此类规则性出现的二元色史前文化现象，视作催生华夏文明早期叙事模式的重要文化基因。为什么需要从上五千年的文化特点中，聚焦催生下五千年文化的所以然奥秘？因为以往的国学传统有关"上五千年"的措辞仅为某种虚拟的修辞。而如今上五千年中原社会玉礼器实物的规模性再现，对于有"玉魂国魄"美誉的华夏文明而言，尤其是对文明起源具体过程

[1] 陕西省考古研究院等编：《华县泉护村》，文物出版社，2014 年，第 66-68 页，表一二，H28 陶环统计表。

[2] 陕西省考古研究院编著：《蓝田新街——新石器时代遗址发掘报告》（上册），文物出版社，2020 年，第 125 页。

[3] 中国社会科学院考古研究所、河南省文物考古研究所：《灵宝西坡墓地》，文物出版社，2010 年，第 74 页。

[4] 中国社会科学院考古研究所、河南省文物考古研究所：《灵宝西坡墓地》，文物出版社，2010 年，第 44 页。

[5] 叶舒宪：《良渚文化葬玉制度"钺不单行"说——四重证据法求解华夏文化基因》，《民族艺术》，2020 年第 5 期。

的认知，将带来前所未有的重要学术契机。文学人类学一派自 2005年提出"四重证据法"以来，尤其关注这种在探索中逐渐生长的新文科方法论的实际应用效率。近年来为优化四重证据法的实施操作，再提出"物证优先"原则和"物质阐释学"的思路。[1] 仅从以上的文献引用情况便可看出，人文学者若不大量阅读和钻研考古学报告，可能永远也说不清：《礼记》《山海经》所记"玄玉"是何物？新文科的交叉学科尝试，是创新研究的动力源。

从玉钺与墓主人性别的关联看，在 9 座随葬玉钺的墓葬中，女性墓占 5 座之多，超过半数；性别不明墓 1 座；而男性墓仅有 3 座，即占总数的三分之一。这种玉钺明显偏向为女性墓主人所拥有的文化现象，十分耐人寻味。

这至少可以表明：在中原的仰韶文化庙底沟期的玉钺礼器的出现，未必像考古学界目前认定的那样，玉钺是代表社会的军权象征物。[2] 或从另一方面看，这时期的仰韶社会相对平和安宁，不像中原以外的其他地区或后来的中原龙山文化时期那样充斥着杀伐和战争气息。易华研究员将这个时代概括为玉帛古国，将龙山文化时代概括为干戈王国。[3] 这是非常值得探讨的文化价值观溯源问题。而秦始皇统一中国后建都咸阳，"天下之兵，聚之咸阳，销锋镝，铸以为金人十二"，并且放弃一切贵金属材料，唯独选用一块珍稀宝玉，打造成万世效法的传国玉玺。这种销金属武器而独尊玉礼器的举措，也多少暗示着千古一帝希望天下太平和"化干戈为玉帛"的中国式理想。

## 三、灵宝西坡与咸阳尹家村玉礼器对比

将灵宝玉礼器群和尹家村玉礼器群加以粗略对照，可以看出

[1]　张进：《从"文本阐释学"到"物质阐释学"》，《中国文学批评》，2022 年第 4 期；叶舒宪：《物证优先：四重证据法与"玉成中国三部曲"》，《国际比较文学》，2020 年第 3 期。
[2]　叶舒宪：《盘古之斧：玉斧钺的故事九千年》，上海人民出版社，2021 年，第 127–131 页。
[3]　易华：《从玉帛古国到干戈王"國"》，《甘肃社会科学》，2017 年第 6 期。

◎图 3　尹家村玉器
中唯一一件透闪石玉
钺（Y4 玉钺），墨色，
光照下呈翠绿色。其
形状与后世玉圭极为
近似，或可视为玉钺
向玉圭演变的标本。
2021 年 5 月 10 日摄
于咸阳博物院

二者之间具有多方面的一致性。

第一是玉礼器种类的一致性，即主要的玉器皆为玉钺，仅有个别例外（1 件残玉环）。当时社会像崧泽文化和大溪文化一样，将玉钺视为最高贵的圣物。

第二是蛇纹石玉料的一致性。虽然二者的用玉情况，尚待科学检测，再得出最后结果。据目前的经验推测，二者所使用的是同样的蛇纹石玉材。这种玉料根据其呈色特征，可以大体划分为墨色和绿色两类色谱（见图 3、图 4）。而墨色的玉在强光照射下也会呈现鲜艳的翠绿色泽，这或许正是史前先民看中这种能够发挥颜色变化特征的玄玉的原因，以其代表天和天神。

第三是玉钺的大小和形制的一致性（具体数据从略）。

◎图 4　尹家村玉器
中深绿色玉钺（Y7
玉钺），其呈色特征
和土沁色斑的分布特
征，与《玄玉时代：
五千年中国的新求
证》所列举玄玉标本
10[1] 类似。建议未来
的文化创意产业将这
种与中国画泼墨山水
效果神似的标本色，
作为新的文化品牌颜
色

[1] 叶舒宪：《玄玉时代：五千年中国的新求证》，上海人民出版社，2020 年，第 10 页图 2-11、第 11 页图 2-12。

　　第四是加工工艺的一致性。其打磨和钻孔方式，具有高度的一致性（如单面管钻，和双面钻）。

　　目前能够看出的不一致之处，即尹家村 15 件玉钺中唯独有3 件玉钺的钻孔位置，贴近玉钺底端的边缘，而河南灵宝玉钺没有这样的情况。

## 四、玄色玉钺与黄色陶灶的文化编码解读

　　这部分的内容，关系到华夏神话宇宙观的二元色编码之起源，以最流行的童蒙读物《千字文》开篇之"天地玄黄，宇宙洪荒"为古汉语表达的典型代表，以八千年前的兴隆洼文化玉器和五六千年前的红山文化玉器之两类主色调（墨绿 VS 青黄）为实物原型。足以启发解答中华下五千年的玄黄二元编码叙事体系的来源问题，请参见《玄玉时代》一书第三章的专题解说和研究。尤其是有关华夏共祖黄帝会以一种颜色词"黄"为名号的所有疑问：《山海经》所记黄帝播种的天下至宝为何称"玄玉"？《庄子》讲述的黄帝丢失其国宝为何称"玄珠"？汉代纬书和房中养生书为何说黄帝有一位女导师，名叫玄女？司马迁《史记》记录武王伐纣推翻殷商国家政权的重大历史事件，为什么还要专门讲述如下历史场面的特写细节：用黄钺斩纣王头，用玄钺斩妲己的头？此类可以称之为中国上古历史玄黄二元叙事体系的案例之多，居然没有引发任何重要的学术讨论，原因就是不明其所以然，说不清其观念的起因，当然也就无法说清其中的道理。如今则均可以直接诉诸上五千年出土神圣实物的本色认知方面。

　　笔者将中原玉文化自玄玉时代之后的演变轨迹，大致地概括为"玄黄赤白"四字三阶段。第一阶段玄玉时代。第二阶段是龙山时代至夏商时期，西部的浅色调透闪石玉料逐渐输入中原，包括马鬃山玉、马衔山玉、敦煌三危山玉和随后的新疆和田玉。其主色调多为偏黄或偏青，可统称为黄玉或青玉。也间或有少量的白玉。第三阶段为商周时代，此时新疆与中原的玉路被打通，和

田白玉输入中原的数量大大增多，迎来中国玉文化史上最重要的一次玉色神话观变革，兴起白玉独尊的观念信仰。[1] 与白玉资源规模性地输入中原文明同时，还有自南亚、中亚地区输入我国的外来新玉料——酒红色玛瑙，并由此催生出西周社会统治阶层的豪华玉礼器组合现象：浅色透闪石玉器加酒红色玛瑙珠的玉组佩。不过红玛瑙资源的供应并不像新疆和田玉那样源源不绝，而呈现为昙花一现的相对短暂格局。自西周以来的白玉独尊，却始终延续，直到今日的玉器商品市场，白玉依然是无与伦比的。纵观玄玉时代以来的三大阶段，第一阶段的玉色之"玄"和第二阶段的玉色之"黄"（或"青"），分别具有五千年以上和四千年以上的时代积淀，塑造出某种比夏商时代更古老、更深厚的文化记忆。体现为最初的汉字经典《周易》坤卦之"龙血玄黄"叙事模型，以及早期国家礼服制度"玄衣黄裳"模型：以效法天地二元色的人之服色，来彰显"天人合一"神话信念的虔诚。

当最早的汉语经典《周易》的作者采用"龙血玄黄"的二元色叙事模型时，西周人的文化记忆中还依稀保留着中原史前玉文化的颜色由来之真相。20 世纪以来的考古大发现，不仅让我们有幸看到比周代和商代都要早得多的中原史前玉礼器的真实颜色，而且让今人逐渐明白龙神话与玉神话的共生现象和相互认同现象，因为在神话信念中二者具有相同的文化功能：充当天人之间和神人之间的中介圣物。所以从北方红山文化和南方崧泽文化开始，就同时出现六千年前的玉雕龙文化传统。当六朝梁人刘勰撰写《文心雕龙》大著，用"雕龙"比喻文学创作时，他还完全不知，国人的雕龙传统就潜藏在玉文化大传统内部，这也要拜上五千年文化基因之赐予。玉和龙的神话认同原理，一旦得到史前文化的溯源性揭示，则《周易》"龙血玄黄"说、《山海经》"黄帝玄玉"说和后世的"黄帝玄女"说的系列文本解码工作，就会带来如同亮出底牌一般的认知效果。

---

[1]　叶舒宪：《玉石神话信仰与华夏精神》，复旦大学出版社，2019 年，第 305-360 页。

## 五、仰韶玉器的总体观与研究展望

就笔者管见所及，将整个渭河流域具有 2 件以上出土玄玉玉器的仰韶文化遗址做一个粗略的排列，共有 5 个遗址出土约 140 件玄玉制品（包括发掘品和采集品）。

河南灵宝西坡 13 件 +3 件 [1]

高陵杨官寨 2 件

蓝田新街 106 件（全部为玉笄，没有玉钺礼器）[2]

咸阳尹家村 15 件

宝鸡福临堡 2 件

总计约 141 件玉器，除了灵宝的 1 件玉钺检测为方解石玉以外，其余多为蛇纹石玉。这些数据较为充分地证明：中原地区玉文化起源的第一个时代是以"玄玉时代"为基本特色的。笔者将玄玉时代的肇始时间放在仰韶文化庙底沟期的上限，即距今 5500 年，大致不会有很大的出入。而玄玉时代的下限，暂定在龙山文化晚期，即距今 4000 年，也是大致合理的。陕西蓝田新街遗址出土玉器的情况可提供新的佐证：同样的深色玉石材料（即绿墨玉和墨玉）制作的玉笄（见图 5），从仰韶文化晚期延续到龙山文化时期，基本没有变化。

可知这是一个先后延续不断的用玉传统。在西安客省庄遗址和神木新华遗址、神木石峁遗址等处发掘的龙山文化玉器中，普遍存在墨绿色蛇纹石玉料，如今看来大体上属于仰韶玉文化用料特征的千年延续之结果。尤其在陇东地区发现的镇原县大塬遗址

---

[1]　在灵宝西坡发掘的 13 件玉钺之后，马萧林又在灵宝文管所库房找到 3 件玄玉玉钺，见马萧林、权鑫：《河南灵宝三件馆藏玉钺的年代及相关问题》，《中原文物》，2017 年第 6 期。

[2]　陕西考古研究院 2010 年在渭河支流灞河岸边二级台地发掘出仰韶文化至龙山文化遗址，其中仰韶文化晚期灰坑多达 345 个，出土大量玉笄（106 件），石笄（48 件）和骨笄等生活用品，但并没有发现玉钺。其所用玉料被推测为蓝田玉，但还缺乏检测数据支持，有待进一步求证。其玉料颜色描述一律为"绿墨玉"和"墨玉"，疑似蛇纹石玉，目前也不排除来自渭河的武山县鸳鸯玉的可能。陕西省考古研究院编著：《蓝田新街——新石器时代遗址发掘报告》（上册），文物出版社，2020 年，第 16、383、582-585 页。

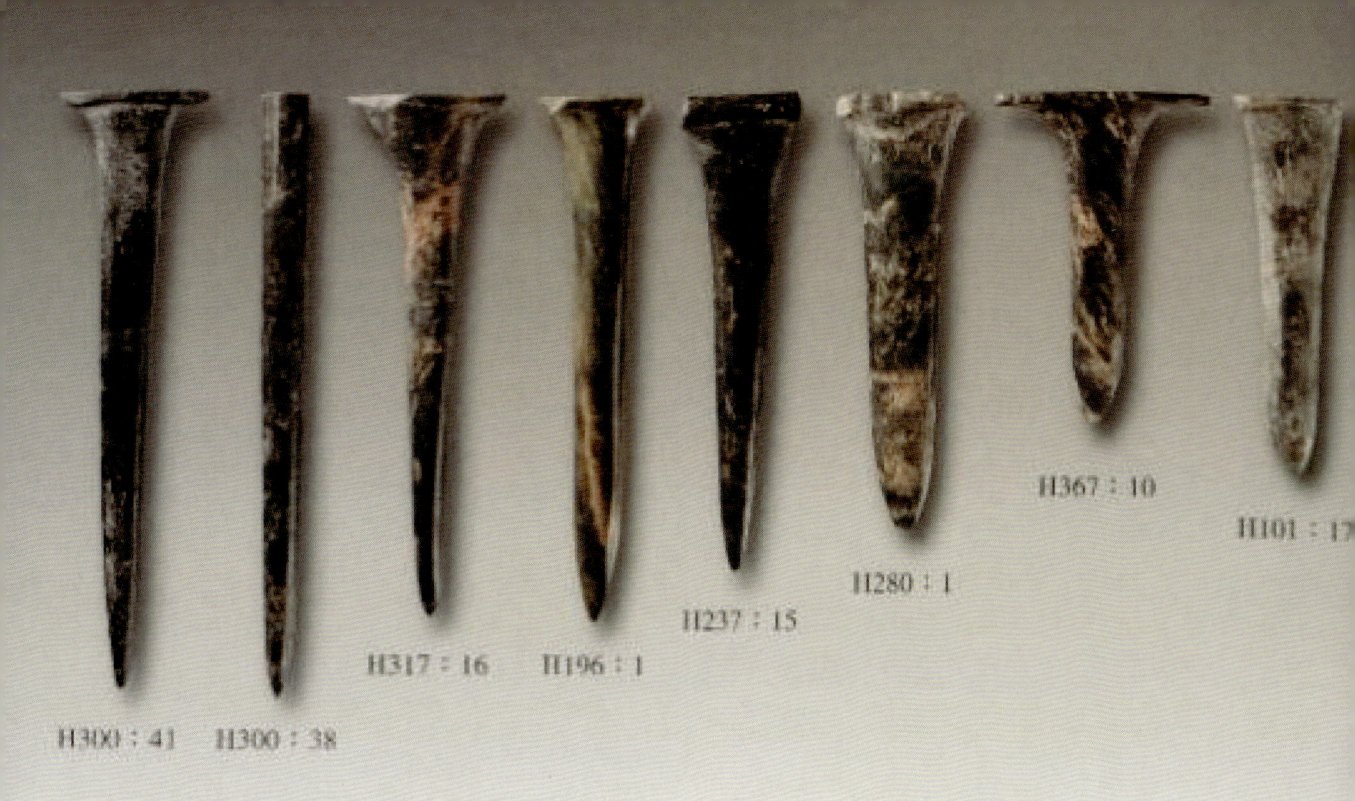

H367：10

H101：17

H280：1

H237：15

H317：16　　H196：1

H300：41　　H300：38

常山下层文化的 2 件墨绿色蛇纹石玉器，昭示着中原仰韶文化的用玉传统如何辗转影响到龙山文化与西部的齐家文化的迹象。这将给齐家文化玉器溯源研究带来关键性启迪：为什么西部地区此前的马家窑文化没有玉礼器传统，而到齐家文化时期则迎来中国史前玉文化的最后一个大繁荣期？

由于齐家文化期间打通的中原与西部交通线路，西玉东输运动的规模和路线都得到很大程度的拓展，西部玉矿资源区之新的浅色透闪石玉料，从龙山文化时期开始，逐步输入中原，和更古老的深色蛇纹石玉料并存一段时间，最终以后来居上之势，取代了玄玉独尊的一千几百年的统治地位。

目前调研所取得的蛇纹石玉料标本实物，仅有甘肃武山县鸳鸯玉和甘肃酒泉蛇纹石玉等几种，但这并不能排除在渭河流域或黄河上中游的其他地方存在类似蛇纹石玉矿的可能。这还有待于进一步的考察和采样工作。甘肃武山鸳鸯玉即蛇纹石玉，成为开启五千五百年玉路的史前交通证物，这给中国丝路起源研究带来重要新线索。咸阳博物院仰韶玉韵特展中的新疆透闪石墨玉，从

新疆和田地区延伸到喀什地区塔什库尔干县的中巴边界处，见证着"玉之所在，国之所在"的文化地理原理。

此次仰韶玉韵特展，是世界范围内第一次玄玉即墨玉的文物与玉料资源的集中展示。这次的"玄玉时代专家论坛"和五千年玉礼器特展能够在纪念仰韶文化发现百年之际，在秦始皇传国玉玺的原产地陕西咸阳举办，是新文科交叉学科研究创新成果的一个生动案例。学，然后知不足。秉承文史不分家的国学原则，走出学科本位的小圈子，与时俱进，更新自己的知识结构，大传统和大历史将向研究者敞开大门。一个从中华上五千年新知识出发，重新认识下五千年所以然的研究新范式，正在向我们招手。

朝霞映山川

# 仰韶文化咸阳尹家村遗址玉钺礼器群

马社强

　　咸阳博物院收藏有一组玉钺，共 15 件，采集于咸阳市秦都区尹家村新石器时代遗址。钺是从作为生产工具的带柄穿孔石斧发展而来的，后来演变成制作精致的高级礼器。玉钺出现在新石器时代，为特权显贵的象征。商周时期，玉钺为青铜钺所替代。文献记载："汤自把钺，以伐昆吾，遂伐桀"；"（武）王左杖黄钺，右秉白髦以麾"。这些，都说明钺象征着王权和军事统帅的权力，对外负责征战杀戮，对内有权统辖下属。

　　1957 年，陕西省文物管理委员会在咸阳开展文物普查时采集到这批文物，和其他陶器、石器共 38 件交由咸阳博物院保存。由于认识的局限性，这批玉钺当时均以石器文物移交和登记保存，多年来也并未引起大家的关注。2021 年 2 月，咸阳博物院联合上海交通大学神话学研究院资深教授叶舒宪团队对这组文物进行了重新辨识，并邀请有关文物鉴定专家、考古专家进行鉴定，采用漫红外光谱仪和 x- 射线能谱仪检测，从 31 件石斧形器物中识别出 15 件玉钺，其中蛇纹石玉 13 件，透闪石玉（俗称"和田玉"）1 件，透辉石玉 1 件，从而使尹家村遗址成为目前所知仰韶文化集中出土玉钺最多的新石器时代遗址。

　　尹家村新石器时代遗址距咸阳市中心 11 公里，位于渭河北岸边缘东西向的台地上，这里渭水由西向东北流，渭河以北高起之台地三面连接平原，以南地势与渭河以北相比较显著低矮，地势平坦辽阔，河床宽约 1 里，遗址高出河面约 20 米，遗址范围东西长 1750 米，南北宽 750 米，总面积 131 万平方米。尹家村遗址面积大，文化遗物丰富，灰层厚，灰坑密，在当时应该是一个大的聚落。就遗址中彩陶与磨光石器共存的现象看，遗址的时代应该与西安半坡相当，且延续至仰韶文化中晚期。

这 15 件玉钺按颜色可分为四种：黑色的 4 件（见图 1—图 4）；蛇皮色的 4 件（见图 5—图 8），浅绿色的 2 件（见图 9—图 10），黑灰白色相间的 5 件（见图 11—图 15）。从形状看，有 7 件接近斧的形状，即近似梯形（见图 1、图 3、图 7、图 8、图 10、图 12、图 14），有 3 件接近玉圭的形状，即长条形（见图 4、图 5、图 15），其余 5 件一头大一头小，呈不规则形（见图 2、图 6、图 9、图 11、图 13）。钻有单孔的 13 件，双孔的 1 件，无孔 1 件。其中最长的一件 Y9 达到 26 厘米，超过 21 世纪初河南灵宝西坡遗址出土的最大蛇纹石玉钺约 3 厘米，是我国目前出土的仰韶玉钺中尺寸最大的一件。

现对 15 件玉器加以编号：Y1—Y15。Y 是尹家村的尹字拼音之第一字母，也是钺字拼音第一字母。兹分述如下。

◎图 1　Y1 玉钺（a）正面；（b）背面

Y1 玉钺（见图 1）长 19 厘米，刃宽 10.4 厘米，上宽 6.5 厘

（a）　　　　　　　　　　　　　　　（b）

◎图2　Y2玉钺（a）
正面；（b）背面

（a）

（b）

米，孔径1.8厘米，厚1厘米。蛇纹石玉，黑色，正面黝黑发亮，背面局部有少量白色沁斑（正面和背面均以图为准，下同）。器身近梯形，顶端未打磨，保留着坯料的原表面。近顶部有一孔，双面管钻而成，先由一面钻，再由另一面钻，最后将中间部分击穿，孔壁经过加工，非常规整。玉钺中部微鼓起，两侧较薄，保存完好。除了顶部外，其余部分磨制光滑，双面弧刃，刃部有残损痕迹。这件玉钺质地细腻莹润，光泽柔和，器身制作规整，体量较大。

　　Y2玉钺（见图2）长19.3厘米，刃宽6.6厘米，上宽5厘米，孔径1.8厘米，厚0.8厘米。蛇纹石玉，黑色。正面黑色，背面局部有土沁。器身为不规则形，顶端略呈弧形，顶端两侧残，保留着坯料的原表面，近顶部有一孔，双面管钻而成，孔壁经过加工，穿孔周围无系柄痕迹。下端为双面弧刃，刃部两侧有小的破损痕迹。正背两面磨制光滑，基本完好。

　　Y3玉钺（见图3）长16.1厘米，刃宽8.4厘米，上宽6厘米，

（a）　　　　　　　　　　　　　　（b）

◎图3　Y3玉钺（a）
正面；（b）背面

厚1厘米。蛇纹石玉，上端残，器身近梯形，顶端未打磨，保留着坯料的原表面，无孔，两侧较薄，整体上黑色居多，两面局部有白色沁斑。正面中部鼓起，背面近平，除顶部外其余部分磨制光滑，双面弧刃，刃部无明显的使用破损痕迹。

Y4玉钺（见图4）长18厘米，刃宽5.5厘米，上宽4厘米，孔径1.4厘米，厚1厘米。黑色。器身呈窄长梯形，即玉圭形，顶平，正面顶端有一未穿透的废弃孔，孔较深，背面同样有一废弃孔痕迹，较浅，可能因距顶太近而放弃。器身距顶部5厘米处有一孔，双面管钻而成，孔壁加工规整。下端为双面弧刃。正背两面磨制光滑，表面可见细磨痕迹。两侧边缘大部分磨得较薄，保存完好。刃部及顶边缘有些微破损痕迹，穿孔周围无系柄痕迹。这件玉钺玉质在这批玉器中最佳，经检测为透闪石玉，按照其色泽特征，通常的称谓是"碧玉"，俗称"和田玉"。

Y5玉钺（见图5）长19.3厘米，刃宽5.2厘米，上宽4.5厘米，

◎ 图 4　Y4 玉钺（a）
正面；（b）背面

（a）

（b）

◎ 图 5　Y5 玉钺（a）
正面；（b）背面

（a）　　　　　　　　　　　　（b）

孔径1厘米，厚0.5厘米。蛇纹石玉，浅绿色、墨绿色混杂，为典型的蛇皮色。器身呈长方形，顶平，顶中部稍残，保留着坯料的原表面，近顶部有一孔，双面管钻而成，孔壁加工规整。下端为双面弧刃，正背两面磨制精细光滑，两侧边缘大部分被磨得较薄。刃部及两侧边缘有些微破损痕迹。

　　Y6玉钺（见图6）长15.5厘米，刃宽5.8厘米，上宽4厘米，孔径1.2厘米，厚1厘米。浅绿色、墨绿色混杂，为典型的蛇纹石玉。器身近长梯形，顶部一侧残，保留着坯料的原表面，未残一侧经磨制光滑。近顶部有一孔，双面管钻而成，孔壁加工规整。下端为双面弧刃。正背两面磨制光滑，表面可见细磨痕迹。两侧边缘大部分被磨得较薄。刃部有破损痕迹。

　　Y7玉钺（见图7）长19.2厘米，刃宽9.5厘米，上宽8.5厘米，孔径2厘米，厚0.7厘米。蛇纹石玉，浅绿色、墨绿色混杂，为较典型的蛇皮色。正面保存较好，背面局部有白色沁斑。器身

◎ 图 6　Y6 玉钺（a）
正面；（b）背面

（a）

（b）

（a）　　　　　　　　　　（b）

◎图7　Y7玉钺（a）正面；（b）背面

近梯形，顶近平，顶未经磨制，保留着坯料的原表面，近顶部有一孔，双面管钻而成，孔壁未经加工，很粗糙。下端为双面弧刃。正背两面经精细磨制，非常光滑，表面可见细磨痕迹。两侧边缘大部分被磨得较薄，基本完好。刃部无明显的使用破损痕迹。

Y8玉钺（见图8）长13.2厘米，刃宽7.8厘米，上宽5.3厘米，孔径1.5厘米，厚0.5厘米。蛇纹石玉，浅绿色、墨绿色混杂。器身近梯形，顶近平，顶未经磨制，保留着坯料的原表面，近顶部有一孔，双面管钻而成，孔壁未经加工，很粗糙。下端为双面弧刃，一侧内凹。正背两面磨制光滑，表面可见细磨痕迹。两侧边缘磨制得较薄，基本完好。刃部无使用破损痕迹。

Y9玉钺（见图9）长26厘米，刃宽11.5厘米，上宽7.5厘米，孔径1厘米，厚1.1厘米。仪器检测为透辉石玉，浅绿色，因表面土沁较为严重，局部颜色较浅。器身呈不规则形，两边薄，

（a） （b）

◎图8　Y8玉钺（a）
正面；（b）背面

◎图9　Y9玉钺(a)正面；
（b）背面

（a）

（b）

中部隆起，顶端不规则，下端为双面弧刃，最大弧度居下端。近顶有一小孔，孔径 0.7 厘米，小孔正下端有一大孔，孔径 1 厘米。两面管钻而成，孔壁加工规整。顶端经磨制，正面近顶部偏左部分略凹陷，保留着坯料的原表面；其余部分磨制精细，非常光滑，正面右下方略凹陷。两侧边缘大部分被磨制成很窄的弧面，基本完好。刃部无明显的使用破损痕迹。

Y10 玉钺（见图 10）长 14.5 厘米，刃宽 8.5 厘米，上宽 6 厘米，孔径 1.5 厘米，厚 1 厘米。蛇纹石玉，浅绿色，正面部分土沁，背面土沁严重。器身近梯形，两边薄，中部隆起，顶端破损，不规则，保留着坯料的原表面；下端为双面弧刃，最大弧度居下端。近顶有一孔，两面管钻而成，孔壁未经加工，较粗糙。表面经磨制，未受沁部分较光滑。两侧边缘大部分被磨制成很窄的平面。刃部及边缘有破损痕迹。

◎图 10　Y10 玉钺（a）
正面；（b）背面

（a）　　　　　　　　　　　　　　　　　（b）

◎图 11　Y11 玉钺（a）
正面；（b）背面

（a）

（b）

　　Y11 玉钺（见图 11）长 16.7 厘米，刃宽 8.1 厘米，上宽 1.7
厘米，孔径 1.5 厘米，厚 0.7 厘米。蛇纹石玉，黑灰白色相间，
局部有黄色沁斑，颜色较浅。器身呈不规则形，顶近平，两端残破，
露出坯料的原表面，仅剩余三分之一。近顶端有一孔，双面管钻
而成，孔壁加工光滑精细，圆孔规整。下端为双面弧刃，刃部有
残破。正背两面磨制精细。两侧边缘被磨得较薄，有破损痕迹。

　　Y12 玉钺（见图 12）长 13.5 厘米，刃宽 7.3 厘米，上宽 5 厘米，
孔径 1.7 厘米，厚 1.5 厘米。蛇纹石玉，灰褐色，局部有沁斑。

◎图 12　Y12 玉钺（a）
正面；（b）背面

（a）

（b）

体呈梯形，顶端近平，近顶有一孔，双面管钻而成，孔壁粗糙。
下端为双面弧刃，一侧受损内凹。正背两面经精细磨制，较为光滑，
表面可见细磨痕迹。两侧边缘大部分磨制较薄，一侧上部残破。

　　Y13 玉钺（见图 13）长 20.5 厘米，刃宽 7.5 厘米，上宽 4.5
厘米，孔径 0.5 厘米，厚 1.5 厘米。蛇纹石玉，黑灰白相间色，
局部有白色沁斑。器身呈不规则形，中部隆起。顶端为不规则圆
弧形，稍残，保留着坯料的原表面。近顶端有一孔，双面管钻而成，
孔壁加工规整。下端为双面弧刃。表面磨制光滑，用肉眼观察表

◎图 13　Y13 玉钺（a）
正面；（b）背面

（a）

（b）

◎图 14　Y14 玉钺（a）
正面；（b）背面

（a）

（b）

◎图15 Y15 玉钺（a）
正面；（b）背面

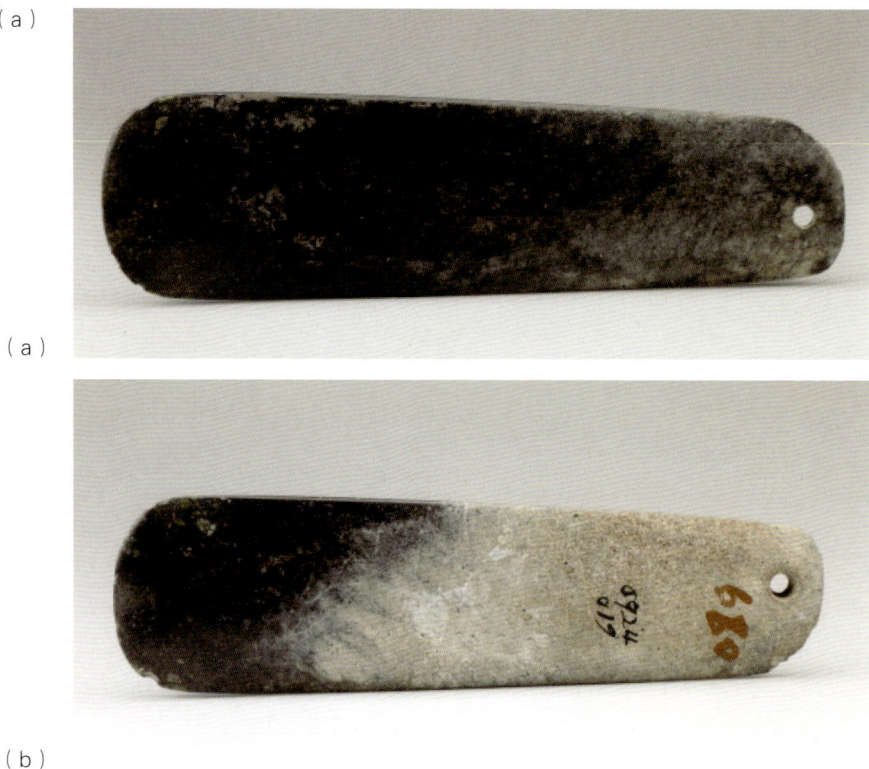

（a）

（b）

面可见竖向的细磨痕迹。两侧边缘大部分磨制较薄，基本完好。刀部有破损痕迹。

Y14 玉钺（见图14）长21厘米，宽9.5厘米，上宽6.5厘米，孔径2厘米，厚1厘米。蛇纹石玉，黑灰白色相间，局部有白色沁斑。器身近梯形，顶近平，近顶部有一孔，双面管钻而成，孔壁加工规整。中部微鼓起，背面有裂纹和破损痕迹，两侧较薄，保存完好，磨制光滑，肉眼可见磨制痕迹。双面弧刃，刀部微有破损。

Y15 玉钺（见图15）长22厘米，刃宽6厘米，上宽5厘米，孔径0.9厘米，厚0.4厘米。蛇纹石玉，底色黑绿，部分受沁为土色和白灰色相间。背面局部土沁严重。器身近窄长条形，顶近平，顶一侧残，保留着坯料的原表面，近顶部有一孔，双面管钻而成，孔壁加工规整。下端为双面弧刃；两面磨制光滑，可见细磨痕迹。两侧边缘大部分磨制较薄，基本完好。刀部微有破损痕迹。

这批玉钺部分的顶部附近未经磨制，或者只是略作磨制，器身则经过精心磨制，平整光滑，肉眼可见部分钺的表面有细微的磨痕，显示在磨制过程中，工匠很可能比较娴熟地手握器物来回用力，并在磨制后采用了精细的抛光措施。钻孔采用双面管钻的方式，这些特征都与灵宝西坡出土的玉器有共同之处，集中体现了这一时期中原地区玉石器制作的技术发展水平。与同时期的凌家滩遗址玉器相比，玉器表面光素无纹饰，种类、造型单一，制作技术相对简单。

　　咸阳尹家村遗址出土的这批玉钺是目前为止国内出土仰韶文化遗址中玉钺数量最多、保存最完好、体量最大、规格最高的玉礼器组群，尤其是长达 26 厘米的 Y9 玉钺，为迄今所见仰韶文化时期玉钺之冠。尹家村遗址至今尚未做正式的考古发掘，该遗址的真实的面目仍然有待揭开。对这批玉钺的再辨识、再研究和再发现，对于探究五六千年前渭河中游地区先民的生活状态、社会等级、村落布局，对于研究咸阳城市的史前史，对于提升咸阳在中国玉文化发展史中的地位和作用，有着重大意义。

六盘山下，宁夏固原泾源县，金色的早霞映照着泾河

# 仰韶文化玄玉的认定及意义

张天恩

玄玉是指黑色(或赤黑色)的玉,最早见于《楚辞·招魂》:"红壁沙版,玄玉梁些。"本为诗人屈原对故里宫馆建筑的夸饰性描写。王逸注曰:"以丹沙尽饰轩版,承以黑玉之梁。"揭示出先秦时期的高等级建筑中,有以黑色玉材来装饰房梁的可能。那么,古代有没有其他玄玉的器具呢?

《尚书·禹贡》曰:"禹锡玄圭,告厥成功。"是说大禹治水、划定九州后,遂献祭玄圭于上帝以彰大功告成。文内"锡"字一般作被动语态理解,禹为受赐者,赐主为帝(尧),[1] 此将玄玉所制之圭的使用推到大禹时代则是比较明确的。二里头文化被看作夏文化,是考古界多数人的意见,该文化出土有为数不少的黑色玉牙璋,可能与文献所说的大禹"玄圭"有关。如进一步从黑色玉器来考虑,考古发现中还有没有更早的玄玉类器物?也就成为一个值得关注的问题。

相关的考古发现实际已提供了有价值的线索,有些仰韶文化遗址中出土了少量玉斧、玉钺及玉饰件等,报告介绍相关玉器的外观往往呈黑色或墨绿色,会不会就是玄玉?如果是,则意味着玄玉的使用要早到仰韶时期,过去的认知可能就存在偏差,故需要做进一步研究。

## 一、仰韶文化玉器的发现概况

就新石器时代的考古而言,较长时期以来存在一个比较普遍

---

[1] 《史记·夏本纪》记载大禹治水成功之后:"声教讫于四海。于是帝赐禹玄圭,以告成功于天下。"《秦本纪》记载秦之远祖名"大费,与禹平水土。已成,帝赐玄圭"。

的认识，仰韶文化属于不使用玉器的文化系统。相较于东北的兴隆洼、山东的大汶口、东南的崧泽等偏东区域诸文化都有数量不等的玉器发现，基本不出玉器似乎成为黄土高原地区仰韶文化的显著特点。

检索早期的田野考古资料，会发现在出土遗物部分根本找不到玉器的任何记录。如著名的西安半坡、渑池庙底沟、临潼姜寨、宝鸡北首岭等仰韶文化遗址，[1] 发掘揭露面积大者上万平方米、小者数千平方米，都不见玉器的信息。这些考古发掘报告就成为上述认识产生的基础，似乎证明了仰韶文化确没有使用玉器的传统，实际也成为仰韶文化研究的一个盲区。

自 20 世纪 80 年代中、后期开始，情况开始出现变化。1983—1984 年，在陕西汉中南郑龙岗寺遗址，发掘仰韶文化半坡类型墓葬 420 多座，其中 20 座墓中出土玉器 26 件。器类有斧、锛、铲，还有刀和镞，[2] 以生产工具类居多，武器类极少。玉器的材质鉴定有透闪石软玉，也有蛇纹石，[3] 色泽以浅绿、浅青、黄绿为主，也有白色。玉器的加工技术简单，未见雕刻的纹饰，但器物表面光洁度普遍较高，可能是缘于玉料的品质较好。

龙岗寺玉器的外观多为浅色，显然不属于玄玉范畴。出玉器可能是因遗址位于陕南的汉水上游，靠近出产岩性相似玉料的汶川玉矿区，[4] 有获取资源的便利，也不排除其他地区原料的输入。这些玉器是以本地石器制作工艺所制，和石器生产工具一样都随

[1] 中国科学院考古研究所、西安半坡博物馆：《西安半坡》，文物出版社，1963 年；中国科学院考古研究所：《庙底沟与三里桥》，科学出版社，1959 年；半坡博物馆、陕西省考古研究所、临潼县博物馆：《姜寨——新石器时代遗址发掘报告》，文物出版社，1988 年。另外还有北首岭遗址、元君庙仰韶墓地、东庄村遗址等，报告的遗物部分均没有玉器的任何介绍。

[2] 陕西省考古研究所：《南郑龙岗寺——新石器时代遗址发掘报告》，文物出版社，1990 年，第 56-58 页，图七二，介绍玉器 24 件，发掘者之一杨亚长研究确认为 26 件，多出石刀两件。杨亚长：《陕西史前玉器的发现与初步研究》，《东亚玉器》，香港中文大学中国考古艺术研究中心，1998 年，第 208-215 页。

[3] 魏京武：《龙岗寺遗址出土的仰韶文化玉质生产工具》，见杨伯达：《出土玉器鉴定与研究》，紫禁城出版社，2001 年，第 416-425 页。

[4] 魏京武：《龙岗寺遗址出土的仰韶文化玉质生产工具》，见杨伯达：《出土玉器鉴定与研究》，紫禁城出版社，2001 年，第 416-425 页。

　　葬于略有身份的男性成员之墓。[1] 这里的发现因靠近矿源或可视作一个例外，还不足以证明仰韶文化玄玉的存在。

　　1985 年宝鸡市福临堡仰韶遗址的发掘，在仰韶文化晚期西王村类型的 1 座小房子和地层内，分别出土很薄的梯形、璧形小玉坠各 1 件，[2] 均为略呈墨绿带有白色纹路的透光料。笔者作为发掘主持人观察认为其是碧玉，与其他石器不同，编写报告时按玉器做了介绍。这应该算是较早识别出的仰韶文化玄玉类小饰件，出土单位年代为遗址的第三期遗存，属于仰韶文化晚期。其实，遗址还出有几件类似材质的墨绿色玉笄，因没有明显透光归为石笄则为失误。

　　秦安大地湾是一处面积达 110 万平方米的新石器时代遗址，内涵以仰韶文化最为丰富，包括从史家、庙底沟和半坡晚期类型三个时期的文化遗存。[3] 在各期的部分单位和地层中，分别出土少量凿、锛等玉质工具，报告称其岩性为软玉或蛇纹岩。尤其是最后一期，出土的蛇纹石玉笄有数十件之多。无论工具凿、锛或用具发笄的外观均为偏黑或墨绿色，报告彩版中就展现有玉器 10 余件。[4]

　　西安鱼化寨仰韶文化遗址中，少量仰韶晚期单位也出土有玉笄，均为墨绿色有白色条斑的半透明蛇纹石。[5] 此类玉器发现更多的是蓝田新街遗址，在属于仰韶晚期的多个单位出土玉笄达 100 余件，多为墨绿色蛇纹岩料；并发现有制作玉笄的蛇纹石残块，[6] 其上有锯切的痕迹，另外，还有同样材质的半成品残笄多件。可以说明该遗址就有以蛇纹岩为主要原料的玉石器作坊，出土的

[1]　杨岐黄：《龙岗寺遗址出土的玉石器试析》，《文博》，2016 年第 6 期。

[2]　宝鸡市考古工作队、陕西省考古研究院宝鸡工作站：《宝鸡福临堡：新石器时代遗址发掘报告》，文物出版社，1993 年，第 158 页。

[3]　甘肃省文物考古研究所：《秦安大地湾：新石器时代遗址发掘报告》，文物出版社，2006 年，第 686-694 页。

[4]　甘肃省文物考古研究所：《秦安大地湾：新石器时代遗址发掘报告》，文物出版社，2006 年。

[5]　西安市文物保护考古研究院：《西安鱼化寨》，科学出版社，2017 年，第 936、1001、1151 页。

[6]　陕西省考古研究院编著：《蓝田新街——新石器时代遗址发掘报告》（上册），文物出版社，2020 年，第 582 页、图版八四－九〇。

玉笄应为当地产品而非外来之物。

西安泾渭工业园区的高陵区杨官寨遗址，为一处面积约 100 万平方米的仰韶文化大型聚落，庙底沟类型遗存的分布范围约 80 万平方米，中间有环壕所围的核心区，是目前所知最大的仰韶文化环壕聚落。[1] 大量出土的文物中除有玉笄外，还有玉钺 3 件，玉料均为蛇纹岩，浅绿或墨绿色，夹杂黑色斑点和白色斑纹。[2] 此为渭水流域仰韶遗址首次考古发掘出土的玉钺，与前述遗址的凿、锛、笄及小玉坠等玉器性质不同，已经超出了工具、用器和饰件的范围，具有武器或威权类玉器的意义。

与此呼应，河南灵宝西坡仰韶墓地也出土了一批玉器。其中的 9 座墓葬中出土玉钺 13 件及玉环 1 件。[3] 除 1 件钺（M30：9）为青白色方解石料外，其余均为墨绿色带白斑纹或黑斑点的蛇纹岩料。根据随葬陶器的形制特征推断，这批墓葬的年代应属于庙底沟类型的最晚阶段，距今 5000 年或略早，可能要晚于杨官寨的墓葬。这些具有武器性质的玉钺均出于西坡墓地的大中型墓，普遍置于墓主的手臂附近或头骨旁，远离同墓随葬的陶器，进一步证明其具有彰显死者身份的威权意义。

这些发现可以说明，使用少量色泽墨绿的蛇纹岩制作凿、锛工具，可上溯到仰韶早期的史家类型，距今 6000 年以前。到中期的庙底沟类型阶段仍以生产工具类为多，并开始制作玉笄类生活用具。约在庙底沟类型晚期或略早阶段，开始制作用于军事活动的武器——玉钺，可能已被赋予显示身份的威权物属性，成为仰韶文化的一个重要传统。

[1]　陕西省考古研究院：《陕西高陵县杨官寨新石器时代遗址》，《考古》，2009 年第 7 期。遗址中心的环壕内面积约 24 万平方米，相当于秦汉以后一座较大县城的范围。

[2]　陕西省考古研究院、高陵区文体广电旅游局：《陕西高陵杨官寨遗址庙底沟文化墓地发掘简报》，《考古与文物》，2018 年第 4 期。杨官寨居址出土的另外两件玉钺尚未正式公布，但 2021 年 5 月 21 日至 23 日在咸阳举办的"玄玉时代"高端论坛上，陕西省考古研究院提供的玉钺照片亮相专题展览。

[3]　河南省文物考古研究所等：《河南灵宝市西坡遗址墓地 2005 年发掘简报》，《考古》，2008 年第 1 期；中国社会科学院考古研究所河南一队等：《河南灵宝市西坡遗址 2006 年发现的仰韶文化中期大型墓葬》，《考古》，2007 年第 2 期；中国社会科学院考古研究所、河南省文物考古研究所：《灵宝西坡墓地》，文物出版社，2010 年，第 278、281、282 页。

## 二、对于仰韶文化玄玉的认定

上述显示了仰韶文化确有以蛇纹岩为原料，制作玉器的大体发展历程。但要将这类以墨绿色泽为基调的玉器，与古文献所说的玄玉等量齐观视为同一事类，实际还需要通过名物互证的机缘来完成。对此，中国社会科学院、丝绸之路杂志社、中国甘肃网等单位发起、组织的"玉帛之路"考察活动，给予了一个较好的回应。

该活动数年间在西北五省及内蒙古中南部等地区，先后进行了以古代玉石文物及矿产资源为中心的调查访问十几次，获得大量的第一手科学资料，包括各地所藏的大量蛇纹岩材质的各类玉器和新发现的部分玉矿。笔者有幸参加了第十次（渭河道）、十一次（陇东陕北道）的"玉帛之路考察"。

2016 年 7 月，第十次考察自甘肃渭源县开始，从渭河上游而下到陕西宝鸡市拓石镇北折，入陇山南段南由古道达陇县，又西行关陇道返张家川。2017 年 4—5 月，第十一次考察从陕西西安的泾渭交汇地杨官寨遗址起步，西北行向古豳地陇东进发，再折而东行到陕北考察。

在西起武山、甘谷，东到西安，西北的环县、崇信、庆城，东北的富县、清涧、神木等众多公私博物馆内，都可见多寡不一的蛇纹石类（及深色透闪石料）文物。再加上早前的第九次（关陇道）考察，在会宁、庄浪、固原等县市同样有许多类似玉器标本。[1] 还有已经报道过的灵宝市文管所收藏的仰韶玉钺 3 件，[2] 及 2021 年 2 月份确认的咸阳博物院所藏 15 件玉钺等，玉器的发现数量更多，范围更大。前文所讲考古出土的这类玉器似已不少，但和这些丰富的收藏比较只能是相形见绌了。

当然，各地所见的大量蛇纹岩玉器藏品，年代不完全限于仰

[1] 叶舒宪：《玄玉时代：五千年中国的新求证》，上海人民出版社，2020 年，第 145-173 页。

[2] 马啸林、权鑫：《河南灵宝三件馆藏玉钺的年代及相关问题》，《中原文物》，2017 年第 6 期。

韶文化。以考古学的眼光进行形制特征、制作工艺方面的研判，无疑可区分出年代差异。这些墨绿色玉器有属于仰韶时期的，也有属于龙山时代包括齐家文化的。各地馆藏中那些较厚重的铲、凿、钺、斧等工具、武器，以及玉笄、玉环等，基本属于仰韶文化之物。而那些器形较大器体较薄的璧、环、刀、铲、璋、多璜联璧，以及琮等，则都属于龙山文化及齐家文化之器。这就说明，渭河流域为核心的仰韶文化从早期偏晚阶段（史家类型）开始，经过仰韶文化中晚期的庙底沟和半坡晚期类型，形成了使用墨绿色蛇纹岩为代表，并包括类似色泽的透闪石玉料制作不同类型玉器的传统，也影响到龙山时期的庙底沟二期、客省庄、齐家等文化。

在过去的考古发掘报告及收藏界的话语体系中，对此类色泽和质量的玉器并无统一名称，一般情况下称为墨玉，也有人如笔者就称作碧玉。但很明显，都是在针对玉器的外观色泽而言，用以区别浅色的青玉、白玉和黄玉等，并无一个更客观的统一标准。那么，古人有无较一致的说法呢？

依据《山海经》记载的"玄玉"之说，有学者提出将黑（墨绿）色蛇纹岩和类似色泽的透闪石等玉料，都称作"玄玉"。[1] 另外，本文开头也提及《楚辞》等古代文献中，正是将黑色玉材称为"玄玉"。可知古人对此类色泽之玉，确有一个比较一致的名称。所以，笔者赞同依照古人已有之名，将外表近墨绿的深色玉叫作"玄玉"为好，以别于青、白、黄等其他浅色玉。

这样一来，就可以将古人所指的玄玉，与我们尚能见到的古代文物有一个较好的对应关系，也解决了考古和收藏界关于此类古玉的名物统一问题。

## 三、仰韶文化玄玉的基本特点

通过相关考古发掘资料和各地不同性质馆藏文物的梳理，已

[1]　叶舒宪：《玄玉时代：五千年中国的新求证》，上海人民出版社，2020年，第167页。

较清楚了解到渭水流域及相邻地区诸多仰韶文化遗址确有玄玉类文物存在。经对这些文物的初步观察，可注意到它们具有一些基本特征，这将有助于加深我们对此类文物的认识。

首先，仰韶文化玄玉类文物的种类较少，可视为特点之一。就基本用途来说，主要可分为三类。

第一类为生产工具。现在见到并确认的只有凿、锛两类。选用的原材料虽是蛇纹岩玉料，但加工技术，使用情况仍与石器无别。出土于灰坑、灰沟等遗迹或文化层内，并没有显示出作为特殊器物使用的迹象。考古确认此类玄玉的制作年代可追溯到仰韶早期偏晚，中期的庙底沟阶段仍在沿用。

第二类为武器。现知只有钺、斧两类。已有资料显示是以钺为主，基本均是在近顶端有一小圆穿，少量为靠中部有略大的圆孔。斧的数量较少，与前者的差别是没有穿孔。用材多为蛇纹岩玉料，加工普遍简单，少量可观察到有打磨抛光技术的运用。考古发掘显示制作的年代不早于庙底沟类型的中期，晚期数量增加渐成风气。均出土于大、中型墓葬，有显示使用者身份地位的性质。

第三类为用具及饰件。目前所见生活用具以发笄数量最多，但形制较单一，有"丁"字形和圆锥形两类。另有少量饰件发现，所见的有圆环、梯形或圆璧形小坠。用材基本为蛇纹岩，制作较精细，表明有不错的打磨抛光技术。考古发现者均出自遗迹单位内，表明应属于较精巧但仍相对普通的用品，较遗址中的骨、陶笄、陶环等饰物或略显珍贵，虽反映了仰韶人审美意识的提高，但还看不出更为明显的特殊含义。考古资料说明，此类玄玉器的使用年代相对较晚，主要是在仰韶文化半坡晚期类型及其前后。

其次，玉料选材范围较窄，器表色调单一。

考古发现和各地收藏的仰韶文化玉器所用的玉材，以蛇纹岩类为主，少量为深色透闪石料，看起来似有深色的偏好，但实际是受到矿产资源条件的制约。这可能是有前者资源易得，后者材料难求的原因。泾渭地区的仰韶文化遗址，大多处于黄土地带的临水阶地，远离玉矿分布区，资源缺乏是最大的问题。

现知的只有在渭河上游甘肃武山县鸳鸯镇一带，发现有丰富的蛇纹石玉矿储藏，[1] 民间和藏界有鸳鸯玉之称。其正处于仰韶文化分布区之内，蛇纹岩矿区临近渭河干流，顺流而下便于玉材向外转输，如再溯支流而上可应对更大区域先民的资源需求。新街遗址的玉器、玉料和半成品的材质颇似鸳鸯玉，故可能是来自鸳鸯镇一带的原料，反而与邻近的蓝田玉材相差较远。不过，这还需要进一步做化学检测之后才能最终确认。当然，武山鸳鸯玉矿只是目前所知之点，其他区域如被推测的灵宝附近的山中，[2] 是否也有玉矿存在？需待将来考古或地质调查去发现。

因受玉料选择的限制，玉器色彩显得单调，墨绿甚至黑色成为仰韶文化玉器的基本色调，成为一个必然的反映。

最后，外观朴素，不尚修饰是仰韶文化玄玉的另一特点。

上述的三类玄玉器具，除了玉钺上段或靠近中间位置钻孔，坠饰也各有小穿孔外，均保持了磨制成形后的基本状态。仅少量斧、钺和坠饰有进一步打磨抛光之外，再不施以其他修饰，更没有出现雕刻纹饰之例。仰韶玉器多为深色、不尚雕饰的简朴传统，可能也影响了龙山、齐家、石峁等后续文化的玉器制作工艺。

## 四、仰韶文化玄玉认定的意义

仰韶文化玄玉的认定，在仰韶文化及相关研究领域，都有较为重要的意义。

首先，改变了之前仰韶文化不用玉的观念。

长期以来，仰韶文化不使用玉器的观念，几乎是考古学界的一个共识，早期考古报告普遍无玉器提及就是很好的说明。经我们的梳理和业外学者的努力，确信众多考古发掘资料和官私藏品之中，已发现数量众多的仰韶文化玉器，完全打破了这种认识的

[1]　叶舒宪：《玉石之路踏查三续记》，陕西师范大学出版社，2020 年，第 77—80 页；叶舒宪：《武山鸳鸯玉的前世今生：第十次玉帛之路渭河道考察札记》，《百色学院学报》，2016 年第 5 期。

[2]　马啸林、权鑫：《河南灵宝三件馆藏玉钺的年代及相关问题》，《中原文物》，2017 年第 6 期。

局限。

即使将龙岗寺青白色为主的玉器算作一个例外，其他发现也足以证明仰韶文化亦有自身的用玉习俗。若以墨绿色蛇纹岩为主的玉器使用为限，年代可早到仰韶早期偏晚的大地湾遗址史家类型阶段，距今也在 6000 年以前。属于仰韶中期的庙底沟类型虽仍制作工具类玉器，但至迟到其偏晚阶段就已出现了彰显社会威权的玄玉斧、钺以及环、坠等装饰品，以示使用者的身份或地位不同。

这些发现，不只修正了学界认识的不足，而且将仰韶文化纳入以用玉为标识的早期东亚文化体系之中，应是仰韶文化研究的一个重要突破点。

其次，仰韶文化价值观的一种反映。

仰韶文化是距今约 6000 年前后，在黄土高原产生发展起来的一支延续时间长、分布范围广、影响巨大的考古学文化，有自身独特的文明模式或路径。仰韶文化被认为提供了比较符合民众和社会需要的措施，有顺应社会发展要求的优势；[1] 显示出其生死有度、重贵轻富、井然有礼、朴实执中的特点。[2] 比较其他地区，仰韶文化文明路径的主要特点是关注社会治理，务实节俭，不尚奢华，不追求财富拥有和虚耗社会资源。[3]

现在已明确了仰韶文化也使用玉器，与年代相当的红山、大汶口、良渚等文化有相似性，但玉器发现的数量、种类、造型及雕刻纹饰的复杂程度等，均远逊于其他文化。特别是使用者对此类资源稀缺、加工复杂、制作费力的特殊物品的占有形式上大相径庭。红山、良渚文化等明显集中于少数宗教人员或部落权贵之

[1] 李伯谦：《中国古代文明演进的两种模式：红山、良渚、仰韶大墓随葬玉器观察随想》，《文物》，2009 年第 3 期。

[2] 韩建业：《西坡墓葬与"中原模式"》，见陈星灿、方丰章：《仰韶和她的时代：纪念仰韶文化发现 90 周年国际学术研讨会论文集》，文物出版社，2014 年，第 153-164 页。

[3] 张天恩：《中国早期文明路径与文明史观的产生》，见中国社会科学院考古研究所夏商周考古研究室：《三代考古（九）》，科学出版社，2021 年，第 146-159 页。

手，大墓的随葬玉器往往以十数，乃至上百件者亦不鲜见，[1] 所出玉器的种类、品质和工艺水准等也显得更多更高。而仰韶文化大墓随葬品基本是 1 件玉钺和几件普通陶器，两者形成的反差巨大，反映出不同文明体系对财富占据的意识差别。

尽管斧钺类玉器在仰韶文化中晚期之际，已具有显示身份、地位的社会意义，但也仅置入极少的数量作为象征，并未大量随葬进行炫耀，表明其不具有像良渚、红山那样的特殊地位。故从玉器的发现数量、种类、简朴的治玉技术等，反映出仰韶文化不崇尚奢华、务实节俭和朴实执中的社会伦理和价值观念。

最后，仰韶文化玄玉对后世用玉传统有重要影响。

现已明确的仰韶文化玄玉取材，主要有渭河上游的鸳鸯玉。以墨绿（黑）色蛇纹岩（及透闪石）为代表的玄玉使用传统，在仰韶之后龙山时期的多种考古学文化中均有程度不同的继承，自西向东的齐家、石峁、陶寺，均有一定数量的玄玉器物发现。[2] 其既可能是与原料使用的习惯有关，也可能因审美志趣、思想意识和价值观念的延续使然。

源于仰韶文化石岭下类型的马家窑、齐家文化等，不断西拓，势力范围至于海东和河西地区。这一区域的马鬃山、敦煌旱峡的古玉矿遗址，近年考古工作者已有发现。[3] 其中敦煌旱峡玉矿的开采年代约在公元前 1700—公元前 1500 年，可至齐家和四坝文化时期。这些遗址的玉料主要为青、白、淡绿、绿、黄、褐等色的透闪石，也有墨绿色，与齐家文化玉器的材质、色泽多相一致，可见这些文化的玉材供给当来自这些新的矿区。石峁、陶寺等文

[1]　辽宁省文物考古研究所：《辽宁牛河梁第二地点一号冢 21 号墓发掘简报》，《文物》，1997 年第 8 期；闫付海：《瑶山、反山良渚文化墓地及相关问题研究》，《河南博物院院刊》，2020 年第 2 期。

[2]　陕西省考古研究院等：《发现石峁古城》，文物出版社，2016 年，第 91、130、189 页；中国社会科学院考古研究所、山西省临汾市文物局：《襄汾陶寺：1978—1985 年考古发掘报告》，文物出版社，2015 年，彩版三九、四〇、四二、四三、四五；山西省考古研究所等：《山西芮城清凉寺史前墓地》，《考古学报》，2011 年第 4 期。

[3]　陈国科：《甘肃敦煌发现旱峡玉矿等三处玉矿遗址》，《中国文物报》，2020 年 2 月 21 日，第 8 版；甘肃省文物考古研究所、中山大学地球科学与工程学院：《甘肃敦煌旱峡玉矿遗址考古调查报告》，《考古与文物》，2019 年第 4 期。

化的玉料与齐家多相似，研究或认为后者可能为前者玉料的供应者。[1]

另外，二里头文化的玉器也有不少玄玉，著名者如二里头及河南其他遗址所出的所谓"牙璋"，[2] 一个突出特点是玉料亦以蛇纹岩为多或有透闪石，普遍为墨绿或黑色，少量绿色。可见这一传统也为二里头文化，亦即夏文化所继承，故此类牙璋也被认为是夏代的"玄圭"，并属于夏王朝的核心礼器。[3]

因为这些文化的玉器制作工艺相对简洁，又有一定量深色玉的存在，相较于自东北到东南沿海、江汉等地区诸文化流行的以青白、青黄色透闪石类软玉料为主差别明显，所以学界称之为华西系统玉器。[4] 但要溯源的话，无疑可追至仰韶文化，而更晚者还能见于成都平原的三星堆祭祀坑和金沙遗址。[5]

# 五、结语

以上研究表明，1980 年以来的考古发现和相关传统文化考察活动的收获，已可确认仰韶文化早期偏晚的史家类型所出的墨绿或黑色的蛇纹岩为主，及透闪石类工具类玉器，应是仰韶深色玉器使用的开端，到庙底沟类型时期有进一步发展，在该类型的晚段已出现彰显身份的威权器——斧、钺，以及装饰用器的使用，表明已进入仰韶用玉的繁盛期。依文献记载的"玄玉"特点，与仰韶文化的深色玉器符合，两者可以名物相容。学界有仰韶文化

[1] 何驽：《华西系玉器背景下的陶寺文化玉石礼器研究》，《南方文物》，2018 年第 2 期。

[2] 邓淑苹：《牙璋探索：大汶口文化至二里头期》，《南方文物》，2021 年第 1 期。

[3] 孙庆伟：《礼失求诸野：试论"牙璋"的源流与名称》，见"中研院"历史语言研究所：《金玉交辉：商周考古、艺术与文化国际研讨会论文集》，"中研院"历史语言研究所会议论文集之十三，2013 年；孙庆伟：《再论"牙璋"为夏代的"玄圭"》，见杨晶、蒋卫东：《玉魂国魄：中国古代玉器与传统文化学术讨论会文集六》，浙江古籍出版社，2014 年，第 467-508 页。

[4] 邓淑苹：《也谈华西系统的玉器》，《故宫文物月刊》，1993 年 3 月。

[5] 四川省文物考古研究所：《三星堆祭祀坑》，文物出版社，1999 年，彩图 16、28、29、32、34、38；成都市文物考古研究所、北京大学考古文博院：《金沙淘珍：成都市金沙村遗址出土文物》，文物出版社，2002 年，第 19、22、29-32、44、46 页。

庙底沟类型可能与黄帝时代有关的看法，此期大中型墓随葬深色玉斧、钺，是否与《越绝书》记载的"黄帝之时，以玉为兵"有涉，似也需要给予应有的关注。

由于受玉料资源限制和文化传统观念影响，仰韶文化玄玉形成了种类少、色深黑和形简素等特征。此后还影响到龙山时期石峁、陶寺及齐家等文化的玉器审美取向和制作工艺，以及夏代核心玉礼器牙璋（或玄圭）的材质选择。已有文章虽已阐明黄土高原地区仰韶文化等华西系的玄玉源远流长，但中原地区的玄玉到商代以后即呈隐而不彰之势。此应与商文化兴于太行山以东，受东方地区使用青白浅色玉、精雕细刻的治玉文化传统影响有关，遂成为主流并影响后世，玉材的选择更钟情于昆仑山系的透闪白玉，而玄玉渐被淡忘。

附记：据新华社 2021 年 12 月 3 日新华网客户端报道，甘肃张家川圪垯川仰韶文化遗址史家类型的环壕聚落出土的玉权杖首，也可能具有威权性质的含义，其亦是鸳鸯玉料的制品，这就更好地印证了本文的看法。

咸阳渭河一景

# 仰韶文化用玉之谜

王仁湘

叶舒宪教授报告中展示的最后一张图片，就是仰韶文化的玉笄，古人用来收束头发的。这个形状是一个 T 形，这种 T 字形造型的器物和纹饰，最早见于湖南高庙文化的白陶艺术中。我认为它可能与古人的太阳神崇拜有关，有兴趣的朋友可以参考微信公众号"器晤"中收录的拙文《倒 T 符识读》，这里不展开讨论。

我要讲的是仰韶文化用玉之谜。关于仰韶文化用玉，我之前写过一篇小文，叫《仰韶悬璧：一个猜想中的发现》。我在这篇文章中指出，古代璧琮文化作为一种成熟文化的形成，在考古学者们看来，一定是良渚先民的创造。的确，良渚文化中发现了大量的琮与璧，良渚人将璧琮文化提升到了极致，这是没有什么疑问的。有人还认为，到了历史时期，中原文明国家所崇尚的璧琮文化，自然在相当大的程度上也是继承了良渚文化的传统，没有理由认为中原文化的璧与琮是中原固有的传统。但是，新近在仰韶文化庙底沟二期遗址出土的璧琮，却让我产生了一些疑惑。

早先，我通过彩陶中的纹饰形象，推测仰韶文化已经在使用玉璧。这次尹家村发现的玉器，给了我更多信心。关于仰韶文化彩陶上的玉器形象，在座的学者已经有所注目，比如王炜林先生就曾写过相关的文章——《庙底沟文化与璧的起源》。王先生指出，璧、琮这两种深刻影响古代中国的礼器在中原地区可能为本土起源，它们发生的时代也许在仰韶文化的庙底沟时期。此外我印象中还有首都师范大学的袁广阔先生，也曾通过彩陶纹饰来推测仰韶文化用玉的情况。[1] 当然也有一些考古发现，比如杨官寨

---

[1] 袁广阔、杨小燕：《略论我国新石器时代彩陶上的玉器图案》，《中原文物》，2015 年 5 期。

墓葬的随葬品中就发现了石璧（见图1），还有一件疑似的残琮。杨官寨遗址从绝对年代来看，它的上限并不晚于良渚文化。这意味着良渚的璧琮文化并没有影响到庙底沟二期文化，那么中原地区的璧琮当另有渊源，最大可能就是它的前世——仰韶文化半坡时期。我后来在陕西省考古研究院一个资料还没有被来得及整理的文物库房里，看到了一件熟悉又陌生的彩陶器，这件彩陶器的纹饰中有璧的图像，这种图像也出现在山西夏县西阴村遗址庙底沟期的彩陶上。从地纹来看，这正是璧的形象。那以黑色作地纹的图案，表现的恰恰是璧的图像，中间的圆点表示璧孔，两根线索穿系在璧面上，似乎还可以听到它叮叮当当的响声，这是一个"悬璧纹"图案（见图2）！

　　尹家村玉器的发现，给我们很多启示，虽然现在不能完全肯定这些玄钺、玄玉一定就是半坡时代的，但这种可能性是存在的，

◎图1　杨官寨遗址出土仰韶文化庙底沟期石璧。摄于陕西省考古研究院

◎图2　山西夏县西阴村遗址出土的彩陶图案："悬璧纹"

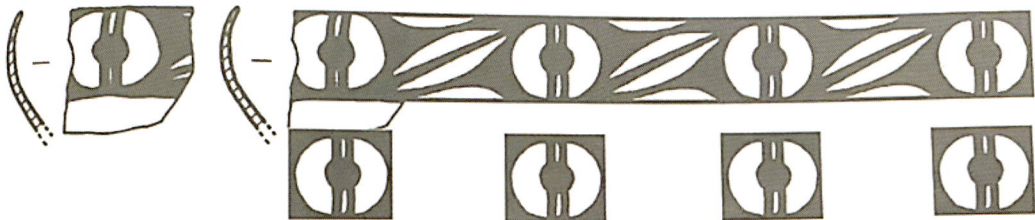

这要通过进一步发掘才能确认。叶舒宪教授指出，渭河流域有 5 个仰韶文化遗址出土了大约 140 件玉器，大多数为蛇纹石玉，这些也许可以成为中原地区玉文化传统的第一道曙光，对于了解仰韶文化与华夏文明起源具有标志性意义。

仰韶文化的发现距今一百年，我们当然弄清了很多的问题。我在最近出版的《大仰韶》书中，对这些问题作了回顾。但这本书中有一句很关键的话，我用来作了标题，即"仰韶还在面纱之后"。我们以为仰韶文化已经很清楚了，但每一次新的发现总会给人带来惊喜。对已经发掘获得的资料进行再发掘和再辨识，看来是需要长期进行的重要任务。半个多世纪以前大家在讨论半坡和庙底沟文化的特征时，就觉得掌握了可以说明问题的资料，可后来的发现又在不断改写着已有的认知。例如，前不久提出的"河洛古国"概念，在很大程度上就颠覆了关于中原中心论的认识。[1] 我自己心里也一直保存着一个大疑问：我们在许多地方已经发现了诸多庙底沟文化的房屋遗址，面积甚至达到 500 多平方米，可是至今却没有见到与之匹配的大型墓葬。我想，这种墓葬一定会有，只是暂时没有找出线索。我对这个问题感兴趣，与仰韶文化时期的信仰有关。我们对良渚文化玉器表面刻画的信仰符号是笃信不疑的，但对中原史前彩陶和玉器所代表的信仰观念，视而不见。我曾说过，史前新石器时代，是一个艺术时代，史前艺术的真谛，是信仰认同，艺术是信仰飘扬的旗帜。仰韶文化时期的彩陶和玉器没有理由被排除在信仰范围之外。这次尹家村遗址出土的"玄玉"的再发现，就足以说明，新的探索发现与再发现，会让人确信仰韶文化的真面目，部分还在面纱之后，但只要坚持不懈地努力，这面纱总会一点点揭开，仰韶文化的真相会越来越清晰。

关于尹家村这个遗址，出土了这么重要的线索，我们咸阳的同行们应该立刻着手作进一步调查、搜集和发掘的工作，希望不要出现像最近的西安太平遗址那样遭遇破坏的现象。

---

[1] 范毓周：《河南巩义双槐树"河洛古国"遗址浅论》，《中原文化研究》，2020 年第 4 期。

# 大地湾玉器的有关问题

郎树德

　　叶舒宪教授领衔的"玉帛之路"考察团队令人敬佩。2017年我曾参加过这个团队在敦煌玉矿的考察，当时我就感慨：这些本该由考古工作者完成的任务，结果是文学人类学方面的"玉帛之路"考察发现了这个重要的玉矿。这两年我在学习叶老师的书，尤其是最近读了《玄玉时代：五千年中国的新求证》，感触颇深。这个团队经过将近十年的努力，指出了考古界一个重大的问题，这个问题与中华文明的起源有关。仰韶文化作为中华文明的前身，一个很重要的特点就是玉文化。玉文化从诞生、发展、繁荣，到成为中华文明的一个标志，这个过程，由叶先生的团队所揭示，是很重要的。

　　我还想谈谈我个人的另外一点感受。2021年春节我和冯玉雷主编聊天，谈起由我主编的《秦安大地湾：新石器时代遗址考古报告》（以下简称《报告》）在出版后，曾收到了一些反馈。这些反馈几乎都是正面的评价。但我看了叶先生的书，按照他的思路再翻阅《报告》，确实发现了一些错误。比如，叶先生在他的书里提到了大地湾仰韶晚期编号为QDF824的一件玉铲（见图1），本是蛇纹石质地，而我们在《报告》中将其质地鉴定为"砂岩"，叶先生指出"这显然是疏漏和误判"。这个错误令我非常感慨。

　　我现在谈谈大地湾玉器的几个问题。刚才刘云辉先生谈到，1996年刚刚兴起"玉器热"时，他与牟永抗先生，还有港台的一些学者来甘肃观摩出土的大地湾玉器。在这之后我参加良渚玉器研讨会，随身带过去几件大地湾出土的玉器。与会的学者们在观摩后都很惊奇。就在这次会议上，我认识了闻广先生。

◎图1 玉笄（出土编号 QDF824:1）：大地湾四期文化，残长 7.0 厘米、帽长 4.3 厘米、帽宽 1.1 厘米、杆径 1.0 厘米。蛇纹石为料，帽平面呈椭圆形，主干根部扁圆，尖部残缺，制作精细

闻先生那个时候已经在给台湾地区、香港特别行政区等的学者们鉴定玉器。我于是邀请闻广先生来我们甘肃帮忙鉴定玉器。闻先生欣然应允，后来几次来我们研究所，所有开销都是自费。闻先生当时鉴定玉器的方法，是把玉石器都放在他自己配的一种药水中，石质器物都浮在水面，玉质器物都沉在底部。闻先生解释说这是因为石器和玉器的比重不同。闻先生后来将这些药水留在我们所里，我们就用这些药水对发掘的大地湾玉石器作了随机鉴定，我们鉴定的结果，就是后来呈现在《报告》中的数据。在这些数据表格的备注中，注明了"经闻广先生鉴定，是软玉"的字样。这种软玉大概有 20 件。最后闻先生不放心，说需要拿到他们研究院做电镜检查。闻先生取了些标本带了回去，他后来鉴定的结果，就是《报告》中后来公布的 19 件玉器。当时给我们最大的震撼是，按照当时的认知，这些被鉴定为软玉的器物，看上去与石头并没什么区别。因为按照一般常识，石头和玉的区别还是比较明显的。但没想到的是，那种发黑、并不透的石器，其实是名副其实的玉。我们于是就和闻广先生一道寻找这些玉器的出产地。先是到了通渭县一个叫碧玉乡的地方，没有找到玉矿。后来闻广先生联系了地矿局一位从事矿

石普查工作的同志，他带我们去了马衔山。我们一直爬到山顶，闻广先生采集了一些标本带回北京。后来经他鉴定，这些玉石与大地湾那些玉器质地完全不同。

大地湾的第二、三、四期，也就是从不到 7000 年前到 5000 年前的这段时间，大概出土了几十件闻广先生所鉴定的软玉质地的器物（见图 2—图 6）。但还有一批蛇纹石质地的玉器，也就是叶先生他们研究的"玄玉"，当时并没有纳入《报告》的

◎图 2　玉锛（出土编号 QDH716:9）：大地湾二期文化，长 5.7 厘米、宽 3.0 厘米、厚 1.1 厘米。墨绿色蛇纹石为料，平面呈梯形，弧顶，直刃，中腰部以上两侧有剥片痕，磨制精细

◎图 3　玉凿（出土编号 QDT109③:16）：大地湾二期文化，长 4.0 厘米、宽 1.3 厘米、厚 0.8 厘米。软玉为料，横断面呈长方形，两端均为刃部，斜弧刃，其一端多切割痕，通体磨制精细

◎图4 引自《秦安大地湾：新石器时代遗址发掘报告》彩版四一

◎图5 玉佩（出土编号 QDT802 ③ :6）：大地湾四期文化，长3.3厘米、宽1.7厘米、厚0.2厘米。蛇纹石为料，仅存一半，现为半圆形，推测原器为圆形，外径3.6厘米。器身平薄，加工精细，有较大的钻孔，孔仅残留小半部，孔壁光滑，近边缘部有一穿钻孔

◎图6 玉镯（出土编号 QDH868:1）：大地湾四期文化，内径6.5厘米、外径7.5厘米。汉白玉为料，外壁圆弧，内壁平直，磨制精致

玉器类别中。所以我对"玄玉时代"的看法是，叶先生所注重的
这一批蛇纹石质器物，可能是天水武山县的。这类玉器的特点是，
在强光下能看到玉器内部的黑点，我记得闻广先生当时也讲过，
这是因为含有铁元素。还有很多质地全黑的玉器，我们到现在也
没有搞清楚它们的原产地。我们在《报告》中讲到，大地湾出土
的玉器包括残件一共有 73 件，大多数应该就是鸳鸯玉。当时因
为精力有限，就把这些玉器和石器统一整理，而且《报告》也没
有很明确地描述出哪些是玉器、哪些是石器，这就给研究者带来
了很大的困惑。

　　今天我看了尹家村出土的玉器，感到非常亲切。它们的器形、
颜色和大地湾遗址出土的同类器物确实非常相似。我倾向于认为，
尹家村这批玉器有相当部分是仰韶文化早期的。这是我这次来咸
阳最大的收获。仰韶文化早中期的玉石资源与玉礼器生产，终于
将渭河上游的甘肃和渭河下游的陕西关中地区连成一个资源共享
的社会总体。在对仰韶文化玉器的再发现、再认识中，大地湾遗
址的意义也将再度凸显。

西安朱雀国家森林公园

# 物叙事里的"早期中国"
## ——"玄玉时代"谫论

李永平

中国古史问题一直以来是国际研究热点,顾立雅(Herrlee G.Creel)、吉德炜(David N.Keightley)、张光直、艾兰(Sarah Allan)、杜朴(Robert L.Thorp)、李峰、汪德迈(Léon Vandermeersch)、贝格利(Rob-ert Bagley)、罗泰(Lothar von Falkenhausen)、刘莉、李旻等知名学者都对"早期中国"研究贡献良多。自美国学者吉德炜1975年创办期刊《早期中国》(*Early China*)后,"早期中国"这一概念便替代"中国古史"而被广泛使用。"早期中国"的时间界定有广义和狭义之分,广义的"早期"指从旧石器时代的东亚开始到汉代结束,[1]狭义的"早期"一般泛指从新石器晚期到汉代末年,而如何理解"早期中国"研究中有关夏的文献记载,国外学者的研究则分为"信"与"疑"两大派。[2]

国内文学人类学派在中华文明探源方向上,把早期文献、田野调查和考古研究相结合,在回溯古史辨派的同时,反思古史研究方法,叶舒宪教授提出"四重证据法"(2005)、"神话中国"(2009)、"神话历史"(2009)、"玉成中国论"(2013)、"文化文本"(2013)等一系列命题,论证古史研究"物证优先"的原则,试图重建早已失落的"早期中国"的文化语境,努力"激发"史学家文献叙事、人类学家田野调查与考古学家发现的考古文物和图像之间的关联,回归"早期中国"的历史事实。

---

[1] 李峰:《早期中国:社会与文化史》,刘晓霞译,生活·读书·新知三联书店,2022年,第1页。

[2] 谭佳、韩鼎、李川:《早期中国与神话历史研究:关于中国文学人类学"四重证据法"的对话》,《文艺研究》2020年第7期;韩鼎《从艾兰"夏代神话说"看中西方学界夏文化研究的差异》,《中国社会科学评价》2020年第3期。

以新近发现的龙山时代玉器为契机，2021 年 5 月 22 日，仰韶文化发现暨中国考古学诞生一百周年 "玄玉时代" 高端论坛在陕西咸阳举办。论坛上，上海交通大学神话学研究院首席专家叶舒宪教授提出了早期中国之 "玄玉时代" 说，推出了 "玉成中国" 三部曲（即《中华文明探源的神话学研究》《玉石神话信仰与华夏精神》和《玄玉时代：五千年中国的新求证》），通过近 20 年的 "玉帛之路" 田野调查资料，重释《山海经》等早期典籍中的玄玉神话，推进了学术界对夏及夏之前龙山文化的认识。本文围绕 "玄玉时代" 说，谫论它对 "早期中国" 研究的意义。

## 一、玉石神话里的 "早期中国"

毋庸讳言，在世界范围内，早期的历史文献都与口传时代密切相关。文字产生后，经过历史编纂形成的 "记忆文本" 有多大程度上的史实，始终是一个系统性的难题。因此，司马迁对《山海经》的历史价值就有所保留："至《禹本纪》《山海经》所有怪物，余不敢言之也。"[1] 原因很简单，口头传统和书写传统的隔膜和断裂，让《山海经》成为 "失落的天书"，[2] 其中像 "黄帝播种玄玉" "黄帝食白玉" 之类的离奇情节，《史记·五帝本纪》也坚决地拒之门外。

研究 "早期中国" 的相关考古遗存就会发现，距今 10000 年以来，在出土遗址中广泛分布、具有价值认同和文化认同的纪念碑性（monumentality）物质 "六器" 是重要的切入点。例如，《周礼·春官·大宗伯》载："以玉作六器，以礼天地四方：以苍璧礼天，以黄琮礼地，以青圭礼东方，以赤璋礼南方，以白琥礼西方，以玄璜礼北方。皆有牲币，各放其器之色。"[3] 又如《荀子·大略》载："聘

---

[1] 司马迁：《史记（第 10 册）》，中华书局，1982 年，第 3179 页。

[2] 刘宗迪：《失落的天书：〈山海经〉与古代华夏世界观》，商务印书馆，2006 年。

[3] 十三经注疏整理委员会：《周礼注疏》，北京大学出版社，2000 年，第 562 页。

人以珪，问士以璧，召人以瑗，绝人以玦，反绝以环。"[1] 在华夏文明的"文化记忆"文本中，以动物牺牲匹配玉礼器祭祀的情形清晰可见，如《山海经·北山经》中两段关于祭祀的叙事：

凡北次二经之首，自管涔之山至于敦题之山，凡十七山，五千六百九十里。其神皆蛇身人面。其祠：毛用一雄鸡彘瘗；用一璧一珪，投而不糈。[2]

凡北次三经之首，自太行之山以至于无逢之山，凡四十六山万，二千三百五十里。其神状皆马身而人面者廿神。其祠之，皆用一藻茝瘗之。其十四神状皆彘身而载玉。其祠之，皆玉，不瘗。其十神状皆彘身而八足蛇尾。其祠之，皆用一璧瘗之。[3]

作为早期祭祀仪式用礼器，来自史前玉教信仰的表述，在早期古籍文献中有明确的表述。从《山海经·北山经》的山神祭祀仪轨来看，祭品是牺牲和玉礼器，或只用玉器。山神形象特征是"其十四神状皆彘身而载玉"。又如《山海经·中山经》末尾的记载，祭品中玉礼器的数量大大增加：

凡洞庭山之首，自篇遇之山至于荣余之山，凡十五山，二千八百里。其神状皆鸟身而龙首。其祠：毛用一雄鸡、一牝豚刳，糈用稌。凡夫夫之山、即公之山、尧山、阳帝之山皆冢也，其祠：皆肆瘗，祈用酒，毛用少牢，婴毛一吉玉。洞庭、荣余山神也，其祠：皆肆瘗，祈酒太牢祠，婴用圭璧十五，五采惠之。[4]

值得注意的是，早期的文献是"记忆文本"，"文化记忆"中存在过滤、剪辑、遗忘等心理机制的作用，它与历史实证主义（historical positivism）对立，试图以社会奠基性叙事、神话信仰以及文化流程来理解其自身。[5] "文化记忆"是多元文化现象得以发生的情境的总和。相关研究表明，玉石承载着升天神力和

---

[1] 王先谦：《新编诸子集成·荀子集解（下）》，中华书局，2013 年，第 576 页。

[2] 袁珂：《山海经校注》，上海古籍出版社，1980 年，第 84 页。

[3] 袁珂：《山海经校注》，上海古籍出版社，1980 年，第 99 页。

[4] 袁珂：《山海经校注》，上海古籍出版社，1980 年，第 179 页。

[5] 柯马丁：《"文化记忆"与早期中国文学中的史诗：以屈原和〈离骚〉为例》，姚竹铭、顾一心译，《文史哲》，2022 年第 4 期。

跨越生死两界的永生不死的能量，它代表天、天神或天意，因而能通灵、驱邪逐疫，因此成为祭祀即礼乐文明的核心基因性物质，玉石信仰流传后世，尚有帝王祭祀告天、封禅郊祀使用的玉册、玉牒做记录的史实。与早期具有认识价值的"记忆文本"互参，结合玉帛之路的 15 次调查和当代自然科学测年的成果，摆脱学科桎梏，借鉴人类学研究方法，从破学科、后学科的观念出发，文学人类学派完善证据科学，尝试将研究的"四重证据"扩展"N 重全息证据"，思考玉石神话信仰与华夏精神的脉络，提出了立足中国本土的一套文化文本理论体系和研究方法。

按照上海交通大学神话学研究团队的研究成果，夏代最值得关注的玉礼器就是"夏后氏之璜"。《山海经·海外西经》提及："大乐之野，夏后启于此儛《九代》，乘两龙，云盖三层。左手操翳，右手操环，佩玉璜。在大运山北。"[1]《淮南子》多次提及夏后氏之璜："夫有夏后氏之璜者，匣匮而藏之，宝之至也。"[2]礼乐歌舞掌管者夏启，要手操玉环和身佩玉璜。《山海经》记载可参证，玉环、玉璜皆为沟通天人之际的神圣媒介，与早期龙的功能类似。结合"西南海之外，赤水之南，流沙之西，有人珥两青蛇，乘两龙，名曰夏后开（即夏后启）。开上三嫔于天，得《九辩》与《九歌》以下"[3]的记载，可归纳出天人合一神话观的基本范式，即升天者乘龙佩璜[4]。

此外，夏代的另一个神话"禹赐玄圭"也值得关注，该神话最早见于《尚书·禹贡》。《尚书·禹贡》载："九州攸同，四隩既宅，九山刊旅，九川涤源，九泽既陂，四海会同。六府孔修……东渐于海，西被于流沙，朔南暨，声教讫于四海。禹锡玄圭，告厥成功。"[5]"禹赐玄圭"神话可谓王权神授、王权更替和圣王

[1] 袁珂：《山海经校注》，上海古籍出版社，1980 年，第 209 页。

[2] 何宁：《淮南子集释（中）》，中华书局，1998 年，第 520 页。

[3] 袁珂：《山海经校注》，上海古籍出版社，1980 年，第 414 页。

[4] 李永平：《"顺星"类仪式宝卷的神话天文观念》，《贵州社会科学》，2022 年第 12 期。

[5] 顾颉刚、刘起釪：《尚书校释译论（第 2 册）》，中华书局，2005 年，第 807-821 页。

开国的原型符号，玄圭圣物讲述的大禹开国神话包括平治九州、四海会同、膺受天命，玄圭因此发展成为夏代核心礼器。关于这种玉礼器的价值，《尚书·金縢》中讲到周公用玉礼器祭告祖神的一段话可以参证："呜呼！无坠天之降宝命，我先王亦永有依归。今我即命于元龟。尔之许我，我其以璧与珪，归俟尔命。尔不许我，我乃屏璧与珪。"[1]

早期历史的文本是"文化记忆"中的历史编纂，早期神话是记忆的投影（figures of memory）。历史编纂把历史史实转化成了记忆中的历史，即"神话历史"。早期的神话历史是一种为了从其起源的角度奠定秩序和规范的历史（foundational history），马林诺夫斯基将早期神话的功能称为"社会宪章"（sociological charter）或者行为上可供追溯的道德榜样（pattern），或者巫术荒古时代至高无上的奇迹。因此，早期的神话历史及其社会规范、王权秩序厘定功能至关重要。玉礼器和图像是前文字时代"文化再现"（the representation of culture）的抓手，从证据搜寻角度，可找到进入前文字时代的新范式，只有在物质文化中发掘那些已经被遮蔽、扭曲甚至污名化的，发挥过重大历史意义的"表述"，才能揭橥事件被叙述、呈现和建构的精神史。

## 二、物证优先："玄玉"叙事中的"早期中国"

近代考古学割裂了考古遗存的民族身份、文化内涵、思想史价值等人文意义。后过程考古学批评过程考古学忽视物质遗存本身的文化意义，提出物性（materiality）理论，主张从人与物的流动关系来理解物质遗存。[2] 这就是让物来说话，展开物的思想史。"物质性诠释学"的理论倡导人唐·伊德的新

[1] 顾颉刚、刘起釪：《尚书校释译论（第 3 册）》，中华书局，2005 年，第 1223 页。
[2] 陈胜前：《早期中国社会权力演化的独特道路》，《历史研究》，2022 年第 2 期。

著《让事物"说话"：反现象学与技术科学》为此提供了诸多研究案例。[1]考古学家夏鼐和张光直、艺术考古学者巫鸿以及文史学者廖平、周策纵、闫月珍等人都对物的人文特性及记忆传承作用有过论述。认真研究物及其对人的双向"意义建构"（meaningfully constituted），坚持物证的优先，这一方面有助于摆脱人为书写的"诗性"和意义建构的牵绊，从"大历史""存在的历史"角度和更为广袤的维度审视时间；另一方面有助于从根本上削弱文字书写与社会权力的共谋关系，解决前文字时代的古史问题。

一个文明的发展离不开权力及其组织形式，萨满文化时代的神异动物、神圣物质（石器）及加工（如金字塔、玉礼器、青铜器物繁复的纹饰），出众的能力（如修炼、成仙）等都是权力组织厘定、呈现、言说自己方式，证明自己褫夺力的活动。因此，在社会与人的日常生活中特殊的物及其加工能力，是宗教、禁忌、社会阶序、身份认同、礼物的交换等的特殊"中介"。以"物"作为叙事系统，言说社会情境与人文过程，连接成阿君·阿帕杜莱（Arjun Appadurai）所谓的"物的社会生命史"（social life of things），"从物质的生产、获得、流通、供求的权力关系中探求人的思想、观念的历史"，我们就会发现，史前族徽、图形文字、玉礼器、观象台、权杖、祭品等，是人与物互动最集中的极具纪念碑性的物质或者图像。

在萨满文化中，史前灵巫以玉事神，[2]作为人神之间交换的礼物——"玉"，无疑是人们重新认识中国上古史信仰的物质。杨伯达在通过玉神器来描述巫教（尤其是玉巫教）的信仰系统时，在"精灵信仰"条目下，归类出鱼灵信仰、龟灵信仰、猪灵信仰、鸟灵信仰、蝉灵信仰、虎灵信仰、龙信仰、凤信仰共八个方面。[3]

[1] 伊德：《让事物"说话"：反现象学与技术科学》，韩连庆译，北京大学出版社，2008年，第62—95页。
[2] 《说文解字》一上·玉部十四："灵，灵巫以玉事神。"见许慎：《说文解字》，中华书局，1963年，第13页；杨伯达：《黄帝受命有云瑞夷巫事神琢瑞云》，《故宫博物院院刊》，2008年第1期。
[3] 杨伯达：《中国史前玉文化》，浙江文艺出版社，2014年，第46—48页。

人出生入死，一度最高等级的墓葬才能用"金缕玉衣"，权力的象征符号"传国玉玺"，王权的象征玉礼器"玉钺"，等等。李学勤曾断言："古玉的研究，近年随考古发现的增加而有迅速进展。玉器在中国古代有特殊重要的意义，相信这方面的研究不久将与青铜器研究并驾齐驱。"[1]

重视物叙述，首先是关注被文字叙事所遮蔽的"神话历史"（Mythistory）。可以说，把神话历史作为研究对象，反映了文学人类学在研究古史时致力于突破学科本位，把神话思维及其叙述作为古老文明最早的信息源头，结合古史考证与精神文化考古（mentally culturalar chaeology），寻找重返前文字时代文明探源的学术路径。"四重证据法"在探讨古史时的抓手是第四重证据，即用人类学的"物质文化"来阐释第四重证据的人文内涵。第四重证据的证据效应类似于现象学所主张的"直面事物本身"，并有助于"拾遗补阙，恢复断裂已久的神话叙事链"，[2]"激活论证的原初场域，恢复一种身临其境的现场感、立体感，实现'再语境化'"（recontextualization），能让史前中国特有的玉礼器发出其原有的光彩和声音，"讲述出华夏文明的创世纪"。[3]结合之前龙山文化用玉情况调查，文学人类学派将古人用玉的信仰提升到"玉教""玉成中国"的理论高度，唤起了学界对中国文明进程中的"阈限物"的高度重视，提出了早期中国的"玄玉时代"。

"玄玉"一词出自《山海经》。《山海经·西山经》记载，"又西北四百二十里，曰峚山……其中多白玉，是有玉膏，其源沸沸汤汤，黄帝是食是飨。是生玄玉。玉膏所出，以灌丹木。丹木五岁，五色乃清，五味乃馨。黄帝乃取峚山之玉荣，而投之钟山之阳"，[4]黄帝峚山所播种的玄玉（黑、墨、灰、碧、青色），

---

[1] 李学勤：《走出疑古时代》，辽宁大学出版社，1997年，自序第1-2页。

[2] 杨骊、叶舒宪：《四重证据法研究》，复旦大学出版社，2019年，第127页。

[3] 叶舒宪：《玄玉时代：五千年中国的新求证》，上海人民出版社，2020年，第3页。

[4] 袁珂：《山海经校注》，上海古籍出版社，1980年，第41页。

就是甘肃渭河上游特产墨绿色蛇纹石玉料。[1]《逸周书》也记载，初冬时节，"天子居玄堂左个，乘玄辂，驾铁骊，载玄旗，衣黑衣，服玄玉，食黍与彘"。[2]

中国境内或东亚考古发现的玉文化至今 9000 年，在这 9000 年的用玉实践中，从颜色来看，主要有玄（黑、墨、灰、碧、青）、黄（浅绿）、赤、白四色，而玄黄二色玉曾经是新石器时代几千年的主导色系，直到商周时期，赤、白、青（绿）三色才成为替代玄黄二色的主玉色。非常关键的是，与红山、凌家滩、良渚等文化遗址的浅色系（即黄玉）为主导不同，龙山文化考古实物证明，陕西高陵杨官寨、陕西咸阳尹家村、河南灵宝西坡仰韶文化大墓中发现了墨绿色蛇纹石玉钺群。[3]且延续长达 1300—1500 年之久，可谓之"玄玉时代"（距今 5300—4000 年）。[4]由此，古文献中追述的有关夏人尚黑、夏禹玄圭等，并非向壁虚构，而是玄玉时代的记忆文本。[5]

除了玄玉的颜色，玄玉的器型也值得我们注意，郑光从产生、发展、蜕变等方面对玉礼器进行分析，认为早期中国文明六七千年以来一脉相承，地域上"九州"一统的代表性玉器是装柄玉斧（圭），是包括中国在内的世界统治者权力的特殊的象征物。结合《史记·周本纪》中玄玉钺作为王权仪仗的记载，武王伐纣，仪式性地用玄钺斩去已死的商纣王的头颅，"武王又射三发，击以剑，斩以玄钺，悬其头小白之旗"。[6]斧钺的权力象征在后世《续

[1]　叶舒宪：《人类学转向：新文科的跨学科引领——以李泽厚、杨伯达、萧兵、王振复为例》，《学术月刊》，2022 年第 8 期。

[2]　皇甫谧：《帝王世纪世本逸周书古本竹书纪年》，齐鲁书社，2010 年，第 65 页。

[3]　陕西咸阳尹家村遗址出土玄玉石钺群 17 件（其中 15 件为玉钺，2 件为石钺），见叶舒宪：《玄玉时代：五千年中国的新求证》，上海人民出版社，2020 年，第 10-11 页。河南灵宝西坡墓地 2005 年第 5 次发掘出土的 9 件玉钺中，8 件为玄玉即墨绿色蛇纹石玉钺，1 件为方解石玉钺，见叶舒宪：《玄玉时代：五千年中国的新求证》，上海人民出版社，2020 年，第 38 页。在河南灵宝西坡发掘出土 13 件玉钺之后，马萧林又在灵宝文物保管所库房找到 3 件玄玉玉钺，见马萧林、权鑫：《河南灵宝三件馆藏玉钺的年代及相关问题》，《中原文物》，2017 年第 6 期。

[4]　叶舒宪：《玄黄赤白——古玉色价值谱系的大传统底蕴》，《民族艺术》，2017 年第 3 期。

[5]　叶舒宪：《认识玄玉时代》，《中国社会科学报》，2017 年 5 月 25 日，第 7 版。

[6]　司马迁：《史记（第 1 册）》，中华书局，1982 年，第 124-125 页。

汉书·舆服志》中有所提及：县令以上的车队加"导斧车"，即在前导车中有一部叫"斧车"。甘肃武威雷台汉墓、河南荥阳王村乡芰村东汉墓壁画都有"斧车"，区别是前者是实物，后者是壁画。《晋书·天文上》载："天枪三星，在北斗杓东，一曰天钺，天之武备也。故在紫宫之左，所以御难也。" [1] 我们用后世的材料补充印证，《唐六典》"武库令"有：

> 器用之制有八：……三曰钺斧，《石氏星经》曰："天钺一星，在井旁。"《舆服志》曰："钺，黄帝所造，涂以黄金，行则载以车，可以斩戮。"《传》云："汤伐昆吾，躬把大钺。武王入商国，周公把大钺，毕公把小钺，以夹王。"以铁为之。《六韬》云："武王军中有大柯斧，刃广八寸，重八斤，名为天钺。"即今之大钺也。 [2]

无论从字形还是功能上看，钺很早就是王权和军权的标志。河南灵宝西坡发现的仰韶文化大墓中出土玉器14件，其中13件玉钺，1件玉环，这14件玉器中13件采用深色的蛇纹石，只有1件采用浅色的方解石，这种比例更能说明中原玉礼器的发端情况。 [3] 最典型的是浙江良渚反山高等级墓葬出土的玉钺，其中最著名的是浙江省博物馆著名的"钺王"：墓主人玉钺在握，正是文献中"执秉玉钺"的形象原型，由于玉钺没有使用痕迹，应是代表权力的"权杖"之类。 [4]《鹖冠子·天则》载："四气为政，前张后极，左角右钺。"陆佃解："钺，西方之星也"。 [5] 从石钺演变到玉钺、玄玉钺、青铜"导斧车"的历史进程中，玄玉钺是其中重要环节。甘肃天水大地湾博物馆陈列的仰韶文化石璧、玄钺，陕西杨官寨遗址新出土的石璧、玄钺，陕西商洛东龙山出土的大批石璧、玄钺，都反映了通天的神话观念和战略性物质资源存储的地理空间——黄河主要支流泾、渭、洛的联

[1] 房玄龄：《晋书（第2册）》，中华书局，1974年，第294页。
[2] 李林甫等：《唐六典》，中华书局，1992年，第463页。
[3] 李伯谦：《文明探源与三代考古论集》，文物出版社，2011年，第52-53页。
[4] 王明达：《反山良渚文化墓地初论》，《文物》，1989年第12期。
[5] 黄怀信：《鹖冠子校注》，中华书局，2014年，第31页。

系调度、分配、交换的"供应链网络"。[1] 这一网络促成了早期的人员、物资、技术、能量、观念的流动和价值的认同，促成了"早期中国"的认知。

　　从 15 次玉帛之路的调查可以看出，"记忆文本"《山海经》所倍加称颂的"玄玉"，不仅包括古老的深色蛇纹石玉，也包括优质的深色透闪石玉（墨玉）。黄河及其支流在西玉东输的过程中起到枢纽作用，灵宝西坡遗址位于黄河南岸边，杨官寨遗址位于黄河支流渭河与泾河交汇处，石峁古城与陶寺古城皆位于黄河支流边上，这些遗址出土的玄玉案例为"早期中国"起源的"新黄河摇篮说"，包括学界熟知的"中原中心论"的缘起，提供了有力的证明。[2] 物证优先并不是要抛开早期历史的"记忆文本"，就像 19 世纪中后期，谢里曼凭借《荷马史诗》这一混合着神话的传世文献，开启探寻特洛伊古城（只是层位有误）旅程一样，让玉礼器神话，登上"早期中国"故事言说的氍毹。

## 三、玄圭"求中"与"早期中国"文化圈的形成

　　探索中华文明的起源，除了物质的玄玉，还要结合早期出土的璧、琮、钺、璜、圭、璋等器型以及碳 14 测年推断"早期中国"中的夏文化。目前，部分学者认可河南洛阳二里头遗址为夏都斟鄩的观点。例如，李伯谦认为河南洛阳二里头文化是后羿代夏以后的夏文化，晚于河南龙山文化而早于二里头文化的河南新密新砦遗址是"后羿代夏"至"少康中兴"期间的物质遗存。文献记

[1]　归纳玄玉神话的物质供应链地图 4.0 版西玉东输史如下：5500 年以来玉石之路的历史主脉。将以上西玉东输史脉络，按照地理空间的历时性展开模式重新排列，可以分出四个时段。第一时段：始于 5500—5300 年前，武山蛇纹石玉东输。其年代下限一直延续至今，主要是大量用来生产低端旅游性的玉石市场纪念品，如夜光杯等。第二时段：始于 4100—3500 年前，马衔山透闪石玉东输，酒泉蛇纹石玉东输。其下限是汉代以后并延续至今，唯有零星的开采和东输。第三时段：始于 4000—3300 年前，三危山透闪石玉和马鬃山透闪石玉东输，终结于汉代，当今只有酒泉和兰州当地少数收藏家拥有规模性的马鬃山玉料。第四时段：始于 3900—3300 年前，新疆且末、若羌、和田及喀什的透闪石和田玉东输，包括墨玉县的透闪石玄玉，塔什库尔干的透闪石玄玉，其年代下限，也是一直延续至今，仍然在持续进行。见叶舒宪：《玄玉时代：五千年中国的新求证》，上海人民出版社，2020 年，第 215 页。
[2]　叶舒宪：《玄玉时代：五千年中国的新求证》，上海人民出版社，2020 年，第 214-221 页。

载的夏代有 471 年历史与二里头遗址、新密新砦遗址最新的碳 14 测年结果不能形成"次序耦合与时长耦合"。太康失国，后羿代夏这段时间正好也只有 50 多年，而巧合的是，太康失国之后，其母（即夏启之妻）和 5 个弟弟被流放到洛河岸边。河南巩义花地嘴遗址（新砦期）极有可能与《尚书·夏书·五子之歌》所载的早期夏史事件有关，即夏启建国的都邑失守于太康。20 世纪后期，中国考古学与文献学研究逐渐形成共识，豫西和晋南地区的龙山文化和二里头文化成为认证夏文化的主要对象。[1]

早期文献无论以何种方式书写，给我们呈现的都只是记忆筛选、表述安排的"事实"或"真相"。李学勤强调玉礼器的器型在中华文明探源中的价值和意义，认为二里头文化最可能是夏文化，"其玉礼器牙璋又最为发达"。[2] 无独有偶，玉器专家邓聪发现，夏代的核心礼器是牙璋（凹首圭或者琰圭）。二里头遗址以前，牙璋为祭祀用玉，而二里头文化三期以后牙璋等玉器已转化为宫廷礼仪中的瑞玉。石峁、二里头、三星堆以后，不同文化"满天星斗"的牙璋类型朝大型和小型两极分化方向发展，小型牙璋可能是纪念性的象征物。[3] 把河南巩义花地嘴遗址出土的层位明确、年代确凿的牙璋作为参照点，综合中原地区、陕北与陕南地区、山东东部地区、四川成都平原地区等几个集中出土牙璋的遗址的考古背景、器物形制、文化传播路线，这种起源于中原的牙璋，其真实称谓应是《尚书·禹贡》中所说测量日影、厘定地中的"玄圭"。

圭形制脱胎于斧钺，都有天地初开、创生世界、开创鸿蒙的意蕴。玄圭是东方析神（斧钺人格化）的形象，是神祇和祖灵降陟之器。[4] 玄玉圭（斧钺）承担了生命繁衍、沟通天地、天命瑞符、

---

[1] 夏商周断代工程专家组编：《夏商周断代工程报告》，科学出版社，2022 年，第 327 页。

[2] 李学勤：《走出疑古时代》，辽宁大学出版社，1997 年，第 226 页。

[3] 邓聪：《牙璋与国家起源：牙璋图录及论集》，中华书局，2018 年，第 3-4 页。

[4] 唐启翠从甲金文的演变轨迹和实物对照中，得出"圭"字并非由二"土"构成，而是由二"士"构成的，那么"士"又是什么呢？古文字学家或认为"士"属于"王"系文化字群，而"王"，一般采用吴其昌、林沄的说法，即"王"是斧钺的象形，权力的象征，大斧即钺曰王，小斧曰士。见唐启翠：《禹赐玄圭：玉圭的中国故事》，上海人民出版社，2020 年，第 28 页。

测影立中等原型象征功能。因此，玄圭是夏王朝核心礼器，自"禹赐玄圭"之后，周代殷命的第三年，周武王却一病不愈，周公"植璧秉圭"，祝告三位先王。由于圭、璧为祖灵凭依之神圣法器，可以沟通天人，故而在战国以后的文献中"玉圭"和"吉玉"通常互相指称。联系前文所述，龙山时代玉礼器多元聚合为"圭璋时代"，这让《尚书》中的"禹赐玄圭"神话仪式和《礼记》中"圭璋特达" [1] 的礼仪都有了合理的解释。后世圭璋一度是王侯祭祀天地宗庙的祭器，而天命所归在人德，因而在夏商时代的文化记忆中，圭璋也就在众多玉器中脱颖而出，成为以德配天的象征。[2] 史前时期圭尺也称为"中"，后世执玉圭式"笏板"上朝的朝王仪式，其原型来源于执中朝王的文化大传统。根据玄玉调查的情况，结合玉斧（圭）的出现、演变及分布，中国进入古国时代至少在 5000 年。

在"早期中国"的判定上"玄玉"的时间划定对史前玉器形制、观象台、求中等活动有重大意义，也是玉文化圈形成的关键。商周之前秉圭、立圭祭祀就是用圭的两种传统。2002 年，"尧都平阳"山西襄汾陶寺城址王墓Ⅱ M22 的头端墓室东南角出土了一件漆木杆Ⅱ M22：43，何驽认为这是测量日影的圭尺（玉圭用于测影），其绝对年代为公元前 2100—前 2000 年。[3] 圭尺与立表组合测量日影来获取"天地之中"，是早期王权垄断的重要权力，圭尺被王权垄断也标志着国家社会的形成。圭尺测影获得"天地之中"，在政权交替中扮演着极为重要的角色。在神话中国的历史记忆中，最重要的信仰是居"中""天地之中"是地上人间与天极交通的唯一通道。"寻中""立中""授中""改中""决执允中"最本源的圭臬是圭表测影确立"天地之中"。"甲骨文的'中'字本义就是圭表观

[1] 十三经注疏整理委员会：《礼记正义》，北京大学出版社，2000 年，第 1949 页

[2] 唐启翠：《禹赐玄圭：玉圭的中国故事》，上海人民出版社，2020 年，第 19—22、207 页。

[3] 何驽：《山西襄汾陶寺城址中期王级大墓Ⅱ M22 出土漆杆"圭尺"功能试探》，《自然科学史研究》，2009 年第 3 期。

测系统中的圭尺"。[1]群雄逐鹿中原，垄断地中就会以"君权神授"的形式使王权合法化、正统化，落实"王者居中"神话国家意识形态。[2]结合文献和考古发掘情况，陶寺文化晚期扁壶背后的朱书符号"尧"，本意为"黄土高原上的城"。陶寺城址出土近似甲骨文"堯"字的朱书字符，绝非偶然。[3]陶寺遗址发现迄今最大的单体人文建筑——观象祭祀台，这与《尧典》记载的政务核心——观测天象、制定历法完全一致。[4]从两者的联系可以推测，距今4000年前，早期中国最重要的特征就是观测天象、制定历法"敬授民时"，而龙山时代玉器中的玄玉圭璧源于早期先民的观象与测影，观象与测影对中心的确立是文化圈形成的前提。

从"玄玉时代"的地图分布来看，距西部渭河上游地区，时间上距今6500年，以大地湾博物馆的玉料和玉器为证，到距今5300年，深色蛇纹石玉料顺着渭河及其支流传播中原，并被中原史前文化所吸收，贯穿到仰韶时代庙底沟文化、常山下层文化、客省庄二期文化、龙山文化和二里头文化中，以玉钺（军权标志"戎"）和玉璋（与天沟通的礼器"祀"）为标志性礼器，最后在夏殷交替之际形成一个文化中心。接替这一玄玉大传统的是白玉崇拜，它在石峁文化中就已初具规模，到芦山峁文化、陶寺文化、夏家店下层文化和二里头文化中发扬光大，至殷墟妇好墓玉器，臻于极致。

这些以自发拣选为特点的"隐蔽秩序"，[5]对"显圣物"——"石头"的依赖和颜色拣选（采"五色石"补天），促成了玉礼器的渐次兴衰更替，形成了独有的龙山文化之"玄玉时代"。"玄玉时代"先民对玉器形制的筛选、切割、加工和打磨，一方面让手

[1] 何驽：《怎探古人何所思：精神文化考古理论与实践探索》，科学出版社，2015年，第135页。

[2] 何驽：《陶寺圭尺"中"与"中国"概念由来新探》，见中国社会科学院考古研究所夏商周考古研究室：《三代考古（四）》，科学出版社，2011年，第85-119页。

[3] 何驽：《陶寺遗址扁壶朱书"文字"新探》，《中国文物报》，2003年11月28日，第7版。

[4] 赵瑞民、郎保利：《观象授时与中国文明起源——从陶寺观象祭祀遗迹谈国家起源时期公共权力的形成》，《晋阳学刊》，2005年第1期。

[5] 李永平：《从阈限书写进入：文学人类学研究的一个视角》，《中国比较文学》，2022年第1期。

工技艺大幅度提升，形成了中华民族隐忍负重、重视功夫和个人修为的民族性格。玉器的加工，取决于玉石拣选和功夫涵养，不依赖于铸范，强化了先民对非人力量的重视，让神性、神选凌驾于人的意志，让王权"禅让"成为意识形态。另一方面，从社会秩序长时段演进必须"减少熵增"的角度来看，与后来的铁器相比，打磨后的玉器，除了用于祭祀、装饰，无补于以生产力为核心的广泛的社会秩序的确立与演进，因此，必然从玉石所代表的"古国"时代，过渡到以青铜为代表的"王国"时代、以铁器为代表的"帝国"时代。[1]

# 四、余论

21 世纪以来，学术界出现了一股以"中国"为反思对象的学术思潮，学者通过对"何为中国"的多维拷问来重新审视"早期中国"。张光直认为，古代中国文明是一个"连续性的文明"。李零围绕"什么是中国"的主题，结合自己多年的思考来回答"我们的中国是这样的中国"。[2] 对于中国文明的连续性、统一性与特殊性，即"中国性"（chineseness）的问题，赵汀阳追问"作为一个国家的中国、作为一个文明的中国"，"什么是构成中国历史性的内在动力结构"。[3] 叶舒宪认为玉石神话信仰才是"中国"最根本、最具有原型意味的文化基因。[4] 最早的"中国"是如何形成的？中国文明要追溯至何时？中国文明是否具有连续性、统一性和特殊性？[5] 半个世纪以来，考古界关于"早期中国"研究尚未形成定论。可以说，将早期有关夏的文献资料和二里头文化的考古证据"挂钩"的先验倾向，是中华文明起源研究的特色。

[1] 张光直：《中国青铜时代》，生活·读书·新知三联书店，2013 年，第 1—27 页。
[2] 李零：《我们的中国》，生活·读书·新知三联书店，2016 年。
[3] 赵汀阳：《惠此中国：作为一个神性概念的中国》，中信出版集团，2016 年，引言第 7 页。
[4] 叶舒宪：《玉石神话与中华认同的形成——文化大传统视野的探索发现》，《文学评论》，2013 年第 2 期。
[5] 陈民镇：《如何认识早期中国的"中国性"》，《中国社会科学评价》，2022 年第 3 期。

1985 年，以艾兰（Sarah Allan）为代表的西方汉学家，专注于早期"记忆文本"中"天命靡常""天命转移"观念主导的文本结构，认为"夏"更倾向是权力叙事和话语政治，是商人的一个神话而非实事。[1]

今天看来，西方学者对"夏代神话说"的思考具有文献学意义。这提示我们，基于前文字时代文化传统的"记忆文本"在多大程度上体现"早期中国"的史实是一个重大学术问题。从实际出发，任何一个古老文明国家，在没有文字表述之前，都要经历孕育与发展和对物质铺垫和精神根基、历史记忆（primordial history）驱动的"基因型物质"的认同。这些"基因型物质"或者具有纪念碑性的物质，除了杨树达、郭大顺、费孝通、王仁湘、叶舒宪等学者强调的通天之巫玉礼器，笔者认为还应包括神异动物、观象台、族徽符号、图形文字、斧钺权杖、祭品等"文化文本"，对它们的制造、分类促成了资源分配、等级分化，促进了物质财富在时间和空间上的转换、升级的"负熵"过程。王权的褫夺能力的锚定，促成了政治意识形态化的过程，这超越了西方以种族血缘、人种、语言和文字划分国家的独断。"早期中国"文化圈层的叙事，正是由这些"基因型物质"主控的记忆与想象共同体来建构的。

从文明记忆的角度看，新石器时代晚期，红山文化、良渚文化、龙山文化是中国文明独有的"玉器时代"，而"玄玉时代"终结了"玉器时代"，开启了以社会分层、复杂的大规模环壕聚落、重要祭祀中心为特征的历史时期。龙山时代的玄玉，又是"夏文化"历史记忆形成中的主角之一。费孝通先生于 2001 年提出"玉魂国魄"，他倡导"文化自觉"，认为文化自觉"是指生活在一定文化中的人对其文化有'自知之明'"。[2]基于第四重证据的"玄玉时代"说，聚焦本土玉文化发生发展这一特殊线索，以田野加

[1] 艾兰：《龟之谜——商代神话、祭祀、艺术和宇宙观研究》，汪涛译，商务印书馆，2010 年，第 69-94 页。

[2] 费孝通：《从实求知录》，北京大学出版社，1998 年，第 398-399 页。

考古，启动认知神话的按钮，重建出一个先于甲骨文存在，并延续一千多年的历史，为中华文明的求证找到了新物证。这为国家起源提供了一个"以中国为方法"的方案，丰富了对世界文明起源的认识，也是中国文化自觉的典型范例。

咸阳崇文塔

# "玄玉时代"在中国玉文化史中的价值探析
## ——以 15 次玉帛之路文化考察为基础

冯玉雷　刘海燕

　　玉文化是华夏文明区别于西方文明的重要标志之一，是华夏文明发生、发展与传承的驱动力量和核心价值。早在旧石器时代，玉石在先民的眼里与岩石一样，没有分别，都属于石头。玉文化产生以后才把狭义的玉石从岩石及其他美石中分化出来，并且赋予特定文化功能。对玉石的概念定义反映出东西方文化识别符号的差异。玉料资源对文化的发展、传播起到至关重要的作用。近年来出土或被重新认识的为数不少的"玄玉"不但证明在仰韶文化时期就有玉文化，而且掀起了西玉东输的第一波浪潮，首先被开发利用的是甘肃武山鸳鸯玉矿，之后，甘肃马衔山、敦煌三危山旱峡、马鬃山径保尔草场、马鬃山寒窑子等地的玉矿被发现和利用，对齐家文化玉礼器乃至中国礼制文化形成产生过重要作用和长远影响。本文通过对迄今为止出土的仰韶文化时期鸳鸯玉（玄玉）玉器进行考察研究，并结合文献资料、现当代文化学者研究成果，上海交通大学、《丝绸之路》杂志社等单位联合组织的 15 次玉帛文化考察成果，以及甘肃几处重要玉矿遗址，探讨中国玉文化传播背景下西玉东输中"玄玉时代"的真实性和重要性。

## 一、15 次玉帛之路文化考察成果

　　玉文化是华夏文明区别于西方文明的重要标志之一，是华夏文明发生、发展与传承的驱动力量和核心价值。中华文明起源与西部玉石资源持续向中原运输密切相连，但系统调查和采样基本处于空白状态。为探明中国古代西玉东输及玉文化相关系列问题，

2012 年以来，《丝绸之路》杂志社、中国甘肃网与中国社科院、上海交通大学、陕西师范大学人文社会科学高等研究院等科研院校的专家以文献为主（一重证据），从二重证据（出土文字）、三重证据（非文字的口传文化与仪式民俗等）和四重证据（出土遗址、文物及图像）整合而成的"证据链"和"证据间性"视角，重新进行历史和文化研究,成功组织15次玉帛文化系列调研活动，考察区域覆盖西部 7 省区 250 县市，驱车或徒步总行程近 5 万公里。截至目前，考察团通过《丝绸之路》、中国甘肃网等发表专家考察手记文章和记者报道 300 多篇，先后在《丝绸之路》《民族艺术》《百色学院学报》《兰州大学学报》《甘肃社会科学》《上海交通大学学报》《中国社会科学报》《宁夏社会科学》等刊物发表考察报告、学术笔记、学术论文共 40 多篇，提交政府对策报告 3 份。出版玉帛之路考察丛书共 17 部：2015 年甘肃人民出版社出版叶舒宪《玉石之路踏查记》、刘学堂《青铜长歌》、易华《齐家华夏说》、冯玉雷《玉华帛彩》、徐永盛《玉之格》、安琪《贝影寻踪》、孙海芳《玉道行思》；2017 年上海科学技术文献出版社出版叶舒宪《玉石之路踏查续记》，薛正昌《驼铃悠韵萧关道》，冯玉雷《玉帛之路文化考察笔记》，军政、刘樱、瞿萍《图说玉帛之路考察》，徐永盛《长河奔大漠》，杨文远《丝路盐道》；2020 年—2021 年，陕西师范大学出版总社出版叶舒宪《玉石之路踏查三续记》，冯玉雷《条条玉路通昆仑》，张振宇、刘海燕《玉帛之路考察记》；2021 年上海交通大学出版社出版叶舒宪《玉文化先统一长三角》。2015 年，武威市广播电视台摄制四集电视纪录片《玉帛之路》。冯玉雷在玉文化考察、研究成果的基础上创作完成 25 万字长篇小说《禹王书》，2018 年，《大家》第 6 期刊发 8 万字的缩略本。2018 年 11 月 17 日，《丝绸之路》杂志社与西北师范大学音乐学院、陕西师范大学人文社会科学高等研究院、安宁区委区政府等单位联合举办"第三届丝绸之路（敦煌）国际文化博览会系列活动——玉华帛彩·国际诗文吟唱会"，对玉文化学术研究成果进行艺术转化。2019 年 12 月，兰州市科技局科技攻关及产业化类项目《基于甘肃省玉矿资源的丝绸之路敦煌玉文化创意产品的开发与推广》（项目编号2016-3-137）结项。该项目组通过实地考察、座谈、研究，取得了较为丰硕的学术成果，并且研发出敦煌飞天、反弹琵琶、观音、西北师范大学纪念玉牌、西北师范大学校训玉牌等系列玉文化创意产品。

考察团成员在有组织、有计划进行玉帛文化系列考察的同时，还参加相关学术会议，开展相关考察。例如，叶舒宪先生参与2016新疆维吾尔族自治区政府所组织的昆仑河源道科考工作；冯玉雷于2018年1月到新疆和田考察，2018、2019年又前往敦煌旱峡玉矿考察，2019年7月、9月、10月3次到内蒙古、辽宁等地考察兴隆洼、红山等玉文化遗址，访问郭大顺、刘国祥、雷广臻、田彦国、王泽、佟少强等考古学家、文化学者，在考察、研究基础上撰写论文，2020年创作完成反映古老玉文化发生、发展、传播、融合的长篇小说《熊图腾》。

15次玉帛文化考察活动的重要学术意义在于填补玉帛之路路网认识上的空白点，摸清古今路线的大致情况，探索若干未知的偏僻古道的存在，探查和理解齐家文化遗址与玉器文物向东分布的情况，对甘肃省境内齐家、四坝等典型文化的承递关系进行梳理，对齐家文化在中原文明发展历程中扮演的"二传手"角色有了更深认识，在对学术成果进行艺术化转换方面也有了成功的探索。尤其值得一提的是，通过15次人类学四重证据法的考察、研究活动，叶舒宪、王仁湘、易华等学者都有了新的学术成果。例如，以叶舒宪先生《玉石神话信仰与华夏精神》为代表的学术著作，把文学人类学的理论与方法应用在中华文明探源课题上。2017年底，上海交通大学成立神话学研究院就是以本项目负责人叶舒宪教授的玉文化考察、研究成果为支撑，它是上海市政府扶持的社会科学创新研究基地，也是一个高端智库。上海市委托神话学研究院完成的重大项目"中华创世神话考古学研究·玉成中国"系列的第一部书《玄玉时代：五千年中国的新求证》（上海人民出版社，2020年）也是叶舒宪先生此前15次玉帛之路文化考察的成果。

对敦煌旱峡玉矿的考察在我们15次考察活动序列中属于第13次，意义很大。2017年8月30日早晨9:08分，笔者与叶舒宪、杨骊乘K41次列车到敦煌，与刘继泽、李亮、董杰、菅通等朋友汇合后驱车考察旱峡玉矿，捡到糖料、石器、碧玉料、夹砂陶片及带彩红陶。2017年10月18日上午又与敦煌市副市长成兆文、敦煌西湖国家级自然保护区科研管理科科长孙志成及司乘人员范载鹏第2次考察旱峡玉矿遗址，作为第13玉帛之路文化考察的补充。2019年11月3日上午，笔者与西北师范大学历史文化学院刘再聪教授及玉文化企业家李亮、于福祥等朋友冒着严寒，再次考察旱峡玉矿，看到甘肃省文物考古研究所于10月份的考古挖掘现场，加深了对这处史前玉矿遗址的理解。

考察团还初步普查出分布在黄河支流地区的仰韶文化玄玉礼器情况，初步确认玄玉即史前蛇纹石玉料的原产地或主产地为渭河上游的甘肃武山县鸳鸯山（俗称"鸳鸯玉"），叶舒宪先生沿着这个思路深入调查、研究，率先提出了"玄玉时代"概念。

## 二、"玄玉时代"概念的提出

近年来，考古学家、文化学者发现在甘肃武山、积石山、马衔山、祁连山等地都有玉矿或玉作坊遗址遗存。2011年以来，又在河西走廊西部连续发现和考察发掘出马鬃山河盐径保尔、寒窑子和敦煌旱峡三处重要玉矿和玉作坊遗址，为研究中原玉料来源提供了坚实的考古学证据，河西走廊西部作为中国重要的玉料资源区，得到证实。

20世纪20年代开始，中国文明探源经历"仰韶文化西来说""仰韶文化和龙山文化东西二元对立说""中原中心说"和"多元一体说"。20世纪90年代，现代考古学家苏秉琦提出"满天星斗说"，认为距今6000年左右，从辽西到良渚，中华大地的文明火花如满天星斗一样璀璨，这些文化系统各有其根源，分别创造出灿烂的文化，它们之间的最大共同点就是对玉的崇拜。中国玉文化最发达、最持久，影响最深远，关涉到华夏文明的起源与发展问题。考古研究证明，华夏先民凭借玉器达到通神、通天的神话梦想，并构建出一套完整的玉礼仪传统。大约从8000年前开始，玉石崇拜先北方，后南方，最后进入中原，大约用4000年时间覆盖了中国：第一波为"北玉南传"，第二波为"东玉西传"。中原地区玉礼器的生产伴随着王权的崛起。中原王权基于对透闪石玉料的需求，开辟出西玉东输的"玉石之路"，沟通中原玉石信仰核心区与西部玉石资源区，西玉东输最早的玉料是渭河上游甘肃武山鸳鸯玉，而且时代可以上溯到仰韶文化时期。

仰韶文化是我国分布地域最广的史前文化，具有较大辐射力，以渭、汾、洛诸黄河支流汇集的关中豫西晋南为中心，北到长城沿线及河套地区，南达鄂西北，东至豫东一带，西到甘、青接壤地带，涉及河南、陕西、山西、河北、甘肃、青海、湖北、宁夏等地，文化年代距今7000年至4700年，延续2000多年，著名遗址有秦安大地湾、蓝田新街、宝鸡福临堡、西安杨官寨、西安半坡、陕县庙底沟、郑州大河村、濮阳西水坡等，大体分为初、早、中、晚四期，其中仰韶中期庙底沟期大范围传播，波及周边地区，达到鼎盛，文化面貌空前。仰韶文化以农业为主，采用刀耕火种和土地轮休的方式。黄河中游各部落，采集和渔猎经济占有比较重要的地位，生产工具以较发达的磨制石器为主，主要有刀、斧、锛、凿、箭头、石纺轮等。仰韶文化石器制造业比较发达，早期打制的多，比较粗糙。中期以后磨制石器占据主导地位，器形也有很大改进，数量大增。切锯石材和穿孔技术普遍使用。穿孔主要使用钻穿，但往往先凿出浅窝再施钻，也有先磨出凹槽而后施钻的。手工业经济与农业、畜牧业经济一样属于自然经济活动，各部落氏族内部少部分成员长期从事制陶、制石、制骨、制革、纺织、编织等活动，掌握一些专业性技术。仰韶文化制陶业发达，前期陶器多是手制，中期开始出现轮制，陶器种类有钵、盆、碗、细颈壶、小口尖底瓶、罐与粗陶瓮等。彩陶器表面出几何形图案和动物形花纹，例如人面形纹、鱼纹、鹿纹、蛙纹与鸟纹等，形象逼真，优美生动，其中不乏艺术珍品。隼形饰、羊头器钮、鸟形盖把、人面头像、壁虎及鹰等陶塑艺术品栩栩如生。半坡等地彩陶钵口沿黑宽带纹上发现 50 多种具有原始文字性质的刻画符号，濮阳西水坡蚌壳摆塑的龙虎图案是中国迄今所知最完整的原始时代龙虎形象。对于当时的制陶工艺来说，仰韶文化陶器具有一定代表性，所以考古上常将它称为彩陶文化。黄河中游地区仰韶文化各种类型的制陶业在近两千年的发展过程中，生产规模和工艺技术非常稳定。总的趋势是泥质红陶和彩绘陶器逐渐减少，灰陶、黑陶的比重越来越大，大约 5000 年后，发展为以黑陶为主的龙山文化时期。这个区域也是夏商周三代的活动舞台。因此可以说，仰韶文化开启了中国早期文明化进程，其文化特质被继承和发展。

仰韶文化是中国考古史上第一个被正式命名的远古文化体系，标志着中国史前考古学及中国近代考古学的诞生，学术界从疑古走向信古，重新建立了古史研究系统。中国传说时代，史书记载有炎帝、黄帝、颛顼、帝喾等部族，但由于疑古，中华文明史源头仍不清晰。随着仰韶文化遗址的多处发现，地下遗存验证了史书记载的正确性。因此，仰韶文化研究对于重建古史、探寻中华文明的源头意义重大。夏商周断代工程理清了中国五千年的历史，中华文明探源工程将使中国历史再向前推 1000 年，这 1000 年中最重要的一环就是仰韶文化时期。仰韶文化虽然不能代替中华文明起源史，"却是中国国家起源史和中华民族起源史这座大厦中的一根擎梁柱"（苏秉琦语），因此，仰韶文化成为中国历史研究的一个切入点。

中国史前文化有多个文化圈，仰韶文化圈与其他文化圈的互动从未停止，中华文明就是在这样的互动中逐渐出现。仰韶文化发现、发展和研究 100 年来，成果非常丰富，已发现 5200 多个仰韶文化遗址，但因其内涵丰富的考古学成果和光芒四射的影响力，加之有规模性的玉礼器遗址却屈指可数，客观上对考古学中的玉文化有一定程度"遮蔽"，从而在学界约定俗成形成"仰韶无玉"的认识。陕西省考古研究院研究员张天恩先生曾在渭河峡中的关桃园前仰韶文化遗址中挖掘到一件前仰韶时期玉镯。该遗址本来可以被评为当年十大考古发现，由于人们"仰韶无玉"的认识，评审专家慎重起见，否决。其他考古人员也曾挖出过仰韶（半坡）时期的玉钺、玉镯，但未引起注意。甘肃省考古研究所原研究员郎树德先生向笔者介绍，秦安大地湾文化遗址曾出土73件玉笄，闻广先生得知，先后两次自费到秦安，用当时的通用方法检测，并到通渭碧玉乡等地考察，寻找玉料来源地。2006年文物出版社出版的《秦安大地湾：新石器时代遗址发掘报告》中，各类石器表格的"岩性"栏中注明软玉的共19件，附录六公布19件器物鉴定结果，7件系软玉，5件为蛇纹岩；大地湾二期出土1件蛇纹岩玉料，四期出现85件玉笄（其中残器73件，多为蛇纹岩）。

21世纪初，陆续发现仰韶文化庙底沟期的蛇纹石玉钺的批量生产和使用情况，首先是以河南灵宝西坡和陕西高陵杨官寨出土的玉钺为代表。这一发现揭开了中原玉文化发生的序幕，改写了中国玉文化的历史，对于认识文明国家起源具有标志性意义，其文化意义重大而深远。2005年及次年，在灵宝西坡总计13件深色玉钺横空出世，打破了仰韶文化没有玉礼器传统的魔咒与成见，为中原玉文化史研究揭开崭新的一页；蓝田新街遗址出土106件玉笄。此前，考古遗址石笄、骨笄、陶笄并不鲜见。笄为女子成年礼用物，仰韶时期出土如此多的各种材质的笄，表明人们相当重视成人礼。1957年，陕西咸阳尹家村仰韶文化遗址被发现，并陆续采集到陶器和玉石器，以玉钺为主，珍贵的玉斧钺数量可观。这个距今6000至5300年，大致在仰韶文化半坡类型至庙底沟类型之间。由于当时学界认识水平非常有限，没有辨识出来，玉钺被混同在一般的黑色石斧类别之中。2021年初，叶舒宪教授从网络上看到咸阳博物院展出的"石斧"照片后，辨认其为玉钺；因疫情，不便行动，就委托在西咸开发区工作的王伟联系博物院，进行调研。2021年2月，叶舒宪团队对尹家村遗址出土的38件石器、陶器文物重新辨识和研究，发现墨色、墨绿和绿色蛇纹石玉斧钺多达15件，超过灵宝西坡和杨官寨两地出土的玉钺。玉斧钺的形制和玉石材料以深色蛇纹石为主，个别为透闪石，年代可比照灵宝西坡遗址，部分遗物的年代或许晚至龙山文化时代；2021年4月18日，中国社会科学院考古研究所研究员刘国祥在河南渑池看到一件略残的玉环，认为它是典型的红山文化玉器制作风格，还有摆放在一起、工艺先进的精美"镯子"与红山文化时期的玉镯极为相似，凌家滩、良渚也有类似玉器；5月，国内多位知名专家对尹家村遗址出土的38件玉礼器、石器、陶器进行检测和鉴定，确认18件玉石钺，这是目前国内发现仰韶文化遗址中出土数量最多、保存最完好、体量最大、规格最高的玉礼器群组，其中长达26厘米的蛇纹石玉钺可谓迄今所见仰韶文化时期玉钺之冠。

经实地考察和实地检测，上述仰韶文化遗址中出土的墨色、墨绿和绿色蛇纹石玉器玉料来源于渭河上游的甘肃武山。显然，西玉东输是循序渐进的，首先是仰韶文化时期开发利用鸳鸯玉，也就是所谓的"玄玉"。"玄玉"是《山海经》所记中华民族共祖黄帝播种的天下最优玉石，后世又称墨玉。"玄玉时代"，就是以黑色玉料为主的玉礼器流行的时代。叶舒宪将距今5500年至4000年之间称作"玄玉时代"，认为这是中原和西部玉文化的第一个时代。叶舒宪《玄玉时代：五千年中国的新求证》一书以《山海经》所记"玄玉"为线索，依据考古新发现的中原地区5300年前最初的玉礼器玄钺，对黄河及其支流地区做广泛的玄玉礼器普查，以各县博物馆藏189件标本，组合为四重证据法的证据链，求证中原玉文化发生的第一个时代为"玄玉时代"，给华夏文明探源带来前所未有的重要启示。叶舒宪对比分析了灵宝西坡与咸阳尹家村玉礼器，得出两者多方面的一致性：玉礼器种类、蛇纹石玉料的一致性，玉钺大小、形制的一致性，加工工艺的一致性。目前能看出不一致的地方，就是尹家村15件玉钺中，有3件钻孔位置贴近低端边缘。就彩陶与磨光石器共存的现象看，推测尹家村遗址的时代上限应与西安半坡相当或稍晚，下限在仰韶文化晚期。大地湾二期就出土有用蛇纹石玉料制成的玉器，还有1件深色蛇纹石玉料的籽料，其最早年代在距今6500年。这个年代里的出土玉料，有着整个中原与西部的玉文化萌芽的意义。这个信息将我们第10次和第11次考察所聚焦的仰韶文化蛇纹石玉器的起源期，从大约5300年前的庙底沟期，提前到6500年的大地湾遗址二期，即仰韶文化的早期。换言之，"玄玉时代"开启的时间和地点，都要据此而重新确认。这批中原文化五六千年之瑰宝，是迄今所知玉礼器登场中原文明的第一线曙光，有助于丰富和深化对"玄玉时代"的学术认识，对仰韶文化和咸阳地区乃至整个关中地区的史前文化研究具有重要意义，也为新文科的未来建设提供了立足本土的学术典范。

# 三、"玄玉时代"的价值和意义

"玄玉时代"是西玉东输中的第一波浪潮，它不但将玉文化向西传播，并且直接催生了齐家文化。

长期以来，因缺乏文献资料，学界对夏朝的认识很模糊。随着近年大量史前考古实物——尤其是齐家文化玉器的出土，夏朝的姿影逐渐清晰起来。甘肃彩陶文化最兴盛的时期为马家窑，发展到齐家已经式微，代之而起的是玉石文化，它与夏朝初期文化形态高度重合。齐家文化的崇玉风气就是对"禹会诸侯于涂山，执玉帛者万国"的最好注解与呼应。

与较早的红山文化、良渚文化玉器相比，齐家文化玉器朴实厚重，粗犷大气，材质主要包括石、半石半玉、真玉，另外还有绿松石、天河石等。受当时自然环境、经济和交通等条件限制，齐家先民只能就地或就近取材。考古发掘和矿石开采的活动表明，齐家文化分布范围内存在着丰富的玉矿，甘肃武山、积石山、马衔山、祁连山、马鬃山等地都有玉矿发现。马衔山处于齐家文化中心区，玉材坚硬、致密、油脂性强，接近和田玉，有青白玉、白玉、黄玉、碧玉、墨玉、糖玉、杂色玉等，颜色丰富，为齐家文化玉器繁荣提供了得天独厚的条件。类似马衔山玉料的齐家文化玉器在甘肃东部地区也有发现，说明玉石之路上输送的不仅是和田玉，也有甘肃玉料。2015年6月，叶舒宪教授率领玉帛之路（第5次）考察团考察马鬃山玉矿后，针对甘肃境内马衔山、马鬃山玉文化资源状况，提出"玉出二马岗"说，厘清了200多万平方千米的西部玉矿资源区：最西端是新疆喀什（维吾尔语，意为"有玉石的地方"），向东延伸到和田、若羌、且末，最东部为甘肃马衔山，东西长约2000千米，北边是马鬃山，南边是青海格尔木和马衔山，南北宽度不足1000千米。马鬃山是天山余脉，马衔山是祁连山余脉，格尔木是昆仑山余脉，齐家文化正好分布在西部玉矿资源区东部。

中原地区缺少玉矿资源，因此，距今7000年至5000年前中原地区影响力最广大的仰韶文化不能像红山文化、凌家滩文化和良渚文化那样生产出规模性的玉礼器。直到距今4000多年前的陶寺文化、临汾下靳村和芮城坡头村庙底沟二期文化，以玉璧、玉琮等大件组合的玉礼器体系才首次登场中原地区，随后又有成熟多样的玉礼器体系在中原腹地出现，并在二里头文化的作用下，承上启下，一脉相承，建构出夏、商、周三代的玉礼器传统。中原地区玉文化的迅速发展，需要源源不断地从西部运输玉料。从甘肃、青海等地区齐家文化及其他史前文化遗址出土的玉器等相关资料推测，至少在距今约4000年前就有了河西走廊通往中原的"玉石之路"雏形。2017年8月，在玉门市召开的"玉门、玉门关与丝绸之路历史文化学术研讨会"上，专家学者就玉酒泉、玉门、玉门县、玉石障、玉门关、玉门军等名词及相关历史文化展开深入讨论。叶舒宪先生在发言中说，如果将这些地理名词与相关联的历史文化结合，将马鬃山、西城驿、三危山等文化遗址放到更宏大的空间去考察，敦煌旱峡玉矿开采的玉料除了向河西走廊输入，还向南穿越野马南山，进入羌中道，输送到甘青地区或者更远的南方；马鬃山玉料除了输送进河西走廊，还通过居延海向东穿越巴丹吉林、腾格里沙漠及草原丝绸之路进入中原。目前还没有证据显示两座玉矿的玉料有向西输出的迹象——斯坦因在楼兰采集到第一件被考古人发现的"楼兰玉斧"，尽管楼兰距离敦煌比较近，但玉料是否与三危山有关还有待进一步认真研究。总之，只要史前玉路明晰了，玉门及相关地理名词也就好解释了。从敦煌到玉门是河西走廊西段250公里的开阔通道，目前已有或继续进行的考古、考察和研究成果足以证明，这里在史前曾经是西部玉矿资源向中原输送的枢纽。叶舒宪先生推断说，三危山玉矿可以解释为什么汉代玉门县在敦煌以东，而玉门关却在敦煌以西：玉门县是因迎接敦煌玉矿资源和马鬃山玉矿资源进入河西走廊而得名，而玉门关则是因迎接新疆玉进入河西走廊而得名。2017年10月30日下午，上海交通大学和上海科学技术文献出版社等单位联合主办"玉石之路文化考察丛书暨十三次考察成果发布会"，叶舒宪教授将近年几次重要发现总结为四个逐渐升级的版本：

如果说"玉出昆岗"是古代的国学常识，也标志着前人研究西玉东输的1.0版观点，那么"玉出二马岗"则为2.0版新知，"玉出渭河源"为3.0版，"玉出三危山"为4.0版的新知。

史前玉路主要靠水路，黄河及其支流是西玉东输的主渠道，在晋陕大峡谷两岸留下的石峁、陶寺、清凉寺、安阳殷墟等文化遗址中都曾出土过大量玉礼器。跨地区的国际贸易对象是早于丝绸的玉石（地中海文明主要关注绿松石和青金石），包括由玉石开发所衍生而来的金属矿石。张骞两次出使西域所走的"丝绸之路"正是在古代"玉石之路"的基础上拓展出来的。这条路不但使华夏文明发展壮大起来，而且承担了文化输入和输出的重要使命。

# 新文科研究范式
## ——四重证据法与文明探源

杨骊

　　自 2018 年教育部提出新文科建设以来，尤其是 2020 年 11 月 3 日《新文科建设宣言》的发布，如何进行新文科建设成了学界关注的热点问题。有学者指出，新文科建设涵盖了人文社会科学领域内多个学科的交叉、融合、渗透或拓展。[1] 也有学者指出，学科交叉和结构调整只是表征，知识重构、思维革新与世界本体重建才是根本。[2] 笔者认为，传统文科有三大弊端：一是学科分割造成了知识体系的割裂，缺乏必要的文化整体观；二是学科壁垒造成故步自封的学科保守主义，缺乏学科间的交叉融合；三是绝大多数文科研究方法论从西方舶来，缺乏中国特色的本土原创方法论。要建设新文科，首先意味着学科思维与研究范式的革新，所以，突破传统文科思维，探索新的方法论应是新文科建设的首要任务之一。

　　文学人类学研究的"四重证据法"突破传统文科思维，以跨学科思维创建了中国特色的文科研究方法论。该方法论自 2005 年提出以来，经历了 16 年的实践探索，取得了不俗的成绩，前瞻性地与新文科的发展要求合流，展现了新文科思维方法论极大的创新活力。在此，笔者拟对"四重证据法"的理论构建与实践个案两方面进行考察，分析该方法论在文明探源研究中的重要价值和作用。

## 一、"四重证据法"与新型科学

　　文学人类学研究的"四重证据法"以王国维提出的"二重证

---

[1]　王铭玉、张涛：《高校"新文科"建设：概念与行动》，《中国社会科学报》，2019 年 3 月 21 日。
[2]　李飞跃：《新文科的知识与思维革新》，《中国社会科学报》，2020 年 8 月 28 日。

据法"为发端，经历了 20 世纪"三重证据法"的探索，于 21 世纪初形成"四重证据法"方法论。第一重证据指传世文献，第二重证据指地下文献（包括甲骨文、金文、简帛等），第三重证据指人类学、民俗学的口传文本与仪式，第四重证据指考古学、图像学的物证与图像。四重证据利用证据间性进行立体释古，建构起非线性复合的论证系统，由此进入文明探源的研究。

"四重证据法"首先是一种跨学科的方法论，与新文科建设所提出的推进学科交叉融合不谋而合。传统文科的研究范式依赖于文献文本，无论是"六经注我"还是"我注六经"，都没有跳出文献阐释学和考据学的窠臼。从"四重证据法"演变的历史来看，在 20 世纪初，国学考据之学面临西学科学实证浪潮冲击的危机之时，王国维提出了二重证据法。二重证据法把金石学的实证性与考据学的阐释性结合起来，并将其纳入归纳与演绎的论证模式进行对比式论证。然而，由于二重证据所涉及的学科比较单一，其所形成的是较单一的论证模式，还有待进一步的发展。三重证据法成熟于 20 世纪末的新时期学术复兴浪潮，人类学理论与方法的引入是促进其成熟的最主要原因。三重证据法不仅是证据的革新，更是论证方法的变革。在论证中采用第三重证据，同时也就引入了人类学的跨文化阐释方法。三重证据法以人类学的阐释方法超越传统考据学的阐释方法，其实质就是利用人类学证据以今证古、由此及彼的阐释力，解决了传统文科研究中很多无法证实的问题，从而拓展了传统文科研究时间和空间局限。"四重证据法"在 21 世纪的学术探索中诞生，其背景是物质文化研究的思潮和中国 20 世纪下半叶以来的一系列考古重大发现。"四重证据法"包括考古学和图像学证据，引入了考古学的实证方法和图像学的阐释方法，可以充分发挥各学科的不同研究优势，更全面地开展跨学科的人文研究。[1]

其次，从系统科学的视角来看，"四重证据法"还具备复

---

[1] 杨骊、叶舒宪：《四重证据法研究》，复旦大学出版社，2019 年，第 76 页。

杂性新型科学的方法论性质。系统科学的理论认为，人类历史上科学的发展目前有三个阶段，从前工业文明时代的古代科学到工业—机械文明时代的现代科学，再到信息—生态文明时代的新型科学，在不同的发展阶段，其知识范式各不相同，我们目前正处于现代科学向新型科学转型的时期。新型科学有着和现代科学截然不同的走向，现代科学是一种简单性科学，而新型科学则是一种复杂性科学，两者在自然观、认识论、方法论、科学观、结构特征和地域性方面都有着质性的区别（见表1）。[1]

表1 现代科学与新型科学比较表

|  | 传统科学 | 新型科学 |
|---|---|---|
| 性质 | 简单性科学 | 复杂性科学 |
| 自然观 | 机械论 | 有机论 |
| 认识论 | 反映论 | 映构论 |
| 科学观 | 祛魅的学问 | 返魅的学问 |
| 方法论 | 还原论 | 系统论 |
| 结构特征 | 分科的学问 | 跨科的学问 |
| 地域特征 | 西方的科学 | 世界的科学 |

新型科学从现代知识体系分科的学问走向跨科的学问，是一种开放交互式学问。在认识论方面，新型科学从简单的反映论升级为反映论＋建构论，更强调建构活动在认识论中的作用和价值。尤其值得注意的是，在科学观方面，新型科学从祛魅的学问转为返魅的学问，正好印证了阿姆斯特朗对神话与科学的辩证分析：想象力是一种创造宗教和神话的能力……但与此同时，想象力也是科学的起点，科学家凭借想象力才得以将新的知识揭示出来，并发明出无限提高效率的技术……神话和科学拓展了人类的生存视域。正如我们将要看到的，神话如同科学和技术一样，它不仅不会让人们疏离这个世界，恰好相反，它让我们更有激情地栖居其中。[2] 在西方启蒙时代的语境中，神话通常被当作贬义词来理

---

[1]　苗东升：《科学的转型：从简单性科学到复杂性科学》，《河北学刊》，2004年第6期。

[2]　凯伦·阿姆斯特朗：《神话简史》，胡亚礨译，重庆出版社，2020年，第12页。

解。"但在维柯的《新科学》中这一观念已经发生变化。从德国的浪漫主义者、柯勒律治、爱默生和尼采以来，这一术语所包含的新的观念逐渐取得了正统的地位，即'神话'像诗一样，是一种真理……这种真理并不与历史的真理或科学的真理相抗衡，而是对它们的补充。"[1]

在方法论方面，新型科学从还原论升级为系统论，也就是说研究从还原真实转为系统涌现，从线性的静态思维转变为非线性的动态思维，从对因果性的论证转为对相关性的研究，从追求唯一性结果转向多元可能性的探索。传统学科的文献考据与阐释，停留在简单因果关系的直线式论证，只能得出孤立事实和单一结论，是一个封闭的知识体系。然而，20 世纪第三次工业革命浪潮带来了信息化时代，21 世纪第四次工业革命大潮意味着智能化时代正在到来，我们的知识形态与结构都发生了很大的变化，从线性书本形态升级到网状知识库形态，许多问题的解决越来越诉诸系统性方法。[2]

自 2019 年以来，学术界对于"四重证据法"先后进行了两次较深入的辩难与研讨。2019 年 12 月，中国社会科学院比较文学研究中心召开"夏的神话历史"工作坊。文学人类学研究会会长叶舒宪发表题为"物证优先：'玉成中国三部曲'的求证策略"的演讲，介绍了文学人类学倡导用"四重证据法"进行神话历史华夏文明探源的实践。考古学者韩鼎对此质疑，认为"四重证据法"存在对所引文献缺少系统认识、文献与对象的关系倒置等问题。其后，《文艺研究》2020 年第 7 期发表了谭佳、韩鼎、李川的文章《早期中国与神话历史研究——关于中国文学人类学"四重证据法"的对话》，对"四重证据法"与文明探源问题进行了更为深刻的考量与争论。

笔者观察研讨双方的观点与立场，发现有如下共识与抵牾。

[1] 韦勒克、沃伦：《文学理论》，刘象愚译，上海三联书店，1984 年，第 206 页。
[2] 李飞跃：《新文科的知识与思维革新》，《中国社会科学报》，2020 年 8 月 28 日。

大家比较一致地认识到传统文科文献证史研究范式的局限性，正如韩鼎所言，利用传世文献来研究无文字时代的历史，我们面临以下复杂情况：时代差异大，即文献时代与研究对象时代相距甚远；文献内容混乱，即材料零散模糊、相互抵牾。[1] 然而，大家分歧较大的地方在于：“四重证据法”利用证据间性进行立体释古，其论证效力如何？韩鼎指出：不同维度的材料通过研究者的论证需要而联系在一起，阐释过于主观，就会失去学科方法论所应具备的严谨。[2] 韩鼎对于主观阐释的拒斥，反对用“四重证据法”进行主观关联与阐释的观点，可以说是代表了自现代科学以来实证（实验）范式的典型立场，属于传统学科的思维方式。

早有学者指出：系统科学相对于经典科学而言，最重要的理论突破之一即“从还原论到整体论”，即超越还原论。经典科学知识增长的主要方法是观察实验—归纳或假说——演绎方法，系统科学范式的发展则大大地扩展了方法域。[3] 在现代科学实证主义的影响下，传统文史研究长期把还原论奉为圭臬，即通过归纳—演绎等实证方法还原历史真相。然而，自 20 世纪初期开始，实证史学就遭遇了一系列危机。一方面，知识考古中最大的难题是历史间距，因为时间的不可逆性，当代人无法逾越当下与历史之间的距离，抵达历史事件发生时的真实情境，要完全做到纯粹科学意义上的实证无异于缘木求鱼。另一方面，历史事件是以人的活动为中心，研究历史必然无法回避人的精神性，而人的精神性是很难进行实证研究的。实证主义史学的方法仅仅关注人的外部活动，在阐释人的内心世界方面却无能为力，这样实证出来的历史真相也肯定是不完整的。[4]

[1] 谭佳、韩鼎、李川：《早期中国与神话历史研究：关于中国文学人类学“四重证据法”的对话》，《文艺研究》，2020 年第 7 期。

[2] 谭佳、韩鼎、李川：《早期中国与神话历史研究：关于中国文学人类学“四重证据法”的对话》，《文艺研究》，2020 年第 7 期。

[3] 叶立国：《范式转换视域下方法论的四大变革——从经典科学范式到系统科学范式》，《科学学研究》，2012 年第 9 期。

[4] 杨骊、叶舒宪：《四重证据法研究》，复旦大学出版社，2019 年，第 61 页。

　　按照系统科学的理论，文化是一个开放复杂巨系统，在这一系统中，文化是稳定性和不稳定性的统一，历史是一个面对现实开放的交互影响系统。中华文明探源也同样是一个开放复杂巨系统研究，当我们用系统科学的理论来审视"四重证据法"，就可以发现"四重证据法"具有系统科学的方法论雏形。从"四重证据法"文明探源研究的论证系统示意图可知（见图1），由神话观念决定论贯穿整个论证过程，实证与阐释共同作用于论证系统，四重证据之间凭借证据间性超越单纯的实证还原模式，形成动态复合的立体论证系统，这一论证系统呈现出开放的态势，通过时空和知识的交互性，达成历史与现实的"视域融合"。

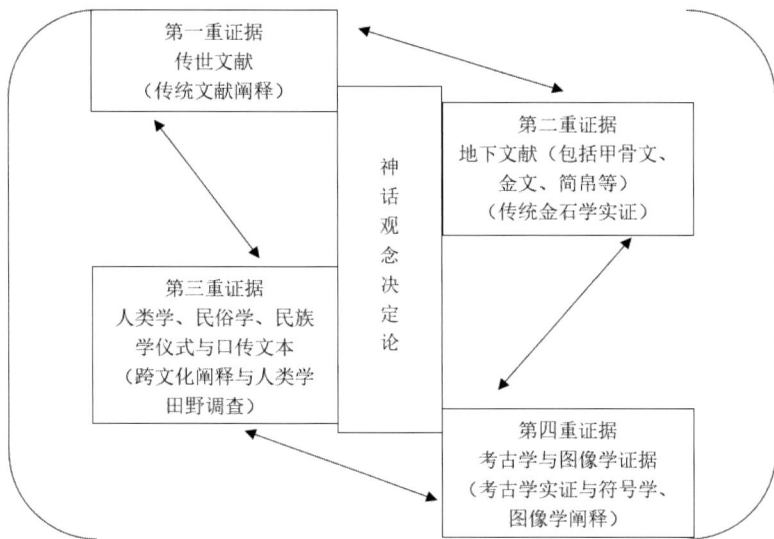

◎图1 四重证据法文明探源研究论证系统示意图

　　接下来，笔者以文学人类学研究的最新成果——由上海交通大学神话学研究院承担的上海市社会科学重大委托项目"中华创世神话考古研究·玉成中国"的第一批出版论著《玄玉时代：五千年中国的新求证》（叶舒宪著，2020年出版）和《禹赐玄圭：玉圭的中国故事》（唐启翠著，2020年出版）（以下简称《玄玉时代》《禹赐玄圭》）为个案，考察"四重证据法"研究如何实现了新文科方法论在文明探源方面的探索与突破。

## 二、《禹赐玄圭》：考古学对神话的实证

　　Donald R.凯利指出："现代历史学家面临的一个问题是如何把神话恢复到历史条件之下——如何从'遥远过去'的传说背后找回真实。"[1] 在新兴的神话历史研究领域，神话被看作有历史价值的素材，是被神话观念编码过的历史叙事，神话学与考古学证据互证是进入无文字历史研究领域的重要路径。在此领域研究比较成功的要数美国神话考古学家马丽加·金芭塔丝的"女神文明"系列，包括《女神的语言》《女神文明》《活着的女神》等。然而，在传统的文科观念里，神话和考古属于两个互不搭界的学科，而且在传统史学看来，神话多数是怪力乱神之说，不具有可信度，更无法进入历史考证与文明探源。对此，金芭塔丝曾不无遗憾地惋惜："对于这一领域考古学家尚未做深入研究。对于神话学家来说，尽管考古学为他们提供了众多的可能性，他们还是忽略了丰富的考古资料。"[2]

　　如果没有考古学证据的实证，禹赐玄圭很可能作为一个子虚乌有的神话，继续沉睡在怪力乱神的故纸堆里。所幸文学人类学的"四重证据法"使得神话学与考古学两大学科的资料实现有效的融通，唐启翠借助考古证据找到了研究禹赐玄圭神话的新路径，《禹赐玄圭》一书就是创世神话与考古学相结合的文明探源尝试。

　　关于《尚书·禹贡》"禹赐玄圭"的解读，自汉以降学者们聚讼纷纭，莫衷一是。到现在主要有以下四说：一是司马迁《史记·夏本纪》《尚书》伪孔安国传和孔颖达疏等力主"尧舜赐禹玄圭"之说；二是《尚书璇玑钤》、郑玄《尚书注》等持"天帝赐禹玄圭"之说；三是王安石《尚书新义》、陈经《尚书详解》和吕祖谦《书说》等从"禹献玄圭于尧舜"之说；四是林之奇

---

[1]　Donald R.凯利：《神话历史》，见陈启能、倪为国主编：《书写历史（第一辑）》，上海三联书店，2003年，第113页。

[2]　马丽加·金芭塔丝：《女神的语言·导论》，苏永前、吴亚娟译，社会科学文献出版社，2016年，第6页。

的《尚书全解》新发"禹献玄圭于天帝"之说。[1] 然而，从文献到文献的内循环式闭合考证，很难在证据上有所突破，达到令人信服的效果。

叶舒宪在谈及"四重证据法"的研究心得时指出，尽量不直接参与有关神话传说时代的半神话性人物的无休止争辩，也尽量回避对号入座式的随意性猜想和无根的论说。而是优先选择与神话传说时代人物相关并能够提供实物证据的遗物，作为集中力量去求证和阐释的对象。[2]《禹赐玄圭》一书不仅超越了传统的文献考证，而且从神话传说之中发掘出其中包含的史实素地，紧紧抓住神话传说的核心器物玄圭进行考古学论证。作者认为，玄圭应为大禹平治九州、四海会同、膺受天命的象征物，而后发展成为夏代核心礼器，是夏王朝政权的象征物。作者从考古发现的洪水遗迹和大量的圭类器物着眼，将鲧禹治水的时代背景定格在龙山时代晚期，同时在龙山时代出现并持续到商周的圭类器物演变中，把玄圭的前世今生解析为"开山斧—玄圭—玉简"三大神圣器物，采用文献资料、甲骨文、神话传说、考古学材料等进行了"四重证据法"的考证与阐释。[3]

在《禹赐玄圭》的前三章，唐启翠从禹赐玄圭的神话文献（第一重证据）出发，把考古出土的玉斧、玉钺、玉璋等（第四重证据）与甲骨文金文中有关"圭""斧"的记载（第二重证据）进行对读，最后结合"斧始初开"创世神话的经典叙事与神话学观念（第三重证据），采用多重证据立体证实了禹赐玄圭的物质原型。指出，在新石器时代，斧钺象征父权—军权—王权一体的身份权威，斧钺的礼器化，反映了新石器时代晚期的武力征服到文明时代威德兼施的转变的历史进程。玉圭之形脱胎于斧钺，青/玄圭是东方析神的形象大使，是神祇和祖先灵魂降临凭依之器。玉圭分担了斧始初开、生命繁衍、沟通天地、天命瑞符、测影立中等功能，

[1] 旷开源：《＜禹贡＞"禹锡玄圭"新证》，《中国社会科学报》，2020年10月14日。
[2] 叶舒宪：《物证优先：四重证据法与"玉成中国三部曲"》，《国际比较文学》（中英文），2020年第3期。
[3] 唐启翠：《禹赐玄圭：玉圭的中国故事》，上海人民出版社，2020年。

这一物质原型奠定了中国式开国神话、王权神授及其相关玉礼器的典范。[1]

在其后的五章中，作者顺着玄圭梳理了这个王权显圣物的一系列历史演变过程：在中国历史上从天地开辟的创世神话象征到历代圣王治世的"天命"符瑞，再到执圭以告的祭祀圣器和测影立中的王者之圭以及如圭如璋的君子风范等等。这样的论述从文化大传统穿透到文化小传统，[2]演绎出玉圭的文化编码和器物置换所体现的中国礼制文化贯穿历史的影响力。

在相关论述中，作者在文献证据和民俗学证据的基础上，大量采用了考古学证据，仅第二章就采用了34组考古学物证，从考古出土的玉斧、玉钺、玉圭、玉璋、玉戈等来论证"玄圭"的原型器物，真正做到了"言之有物"。从出土器物到祭祀遗址，考古学证据充分发挥了物证的证史功能，让器物自己说话，用玉礼器的物质文化史勾勒出"玄圭"这一显圣物从中国创世神话到礼制文明的演绎轨迹，对玉礼器与礼制文明的联系进行了层层剖析，深刻地解读了贯穿于礼制文明之中的神话思维和文化逻辑。在文明探源的命题中，"禹赐玄圭"是一个涉及夏王朝起源的重要神话，是探索夏文明的重要入口，唐启翠从神话的玉礼器显圣物入手，沿波讨源，抽丝剥茧，展示了采用"四重证据法"进行文明探源的突破性效应。

## 三、《玄玉时代》：神话学对文物的激活

2019年7月6日，杭州的良渚古城遗址被列入《世界遗产名录》，这意味着良渚博物院大厅镌刻的那句话——"良渚遗址是实证中华五千年文明史的圣地"得到了联合国教科文组织和

---

[1]　唐启翠：《禹赐玄圭：玉圭的中国故事》，上海人民出版社，2020年，第42-58页。

[2]　叶舒宪指出，按照符号学的分类指标来重新审视文化传统，将由汉字编码的文化传统叫作小传统，把前文字时代的文化传统视为大传统。从历史的角度判断中国文化的大传统与小传统，有一个容易辨识的基本分界，那就是汉字书写系统的有无。参见叶舒宪：《中国文化的大传统与小传统》，《党建》，2010年第7期。

国际学术界的认可。[1] 长期以来，国际学术界以冶金、城市和文字作为判断一个文明成立的条件，认为中国有文字的历史不过3000多年，拒绝承认中华五千年文明史。良渚古城遗址不仅拥有完整的城址、庞大的水利工程，更有数以千计饱含信仰的精美玉器，从物质文明和精神文明的两方面实证了中华五千年文明史。

五千年的良渚拥有璀璨的玉文化，然而，在五千年中国的版图上，中原地区的玉文化似乎显得光芒暗淡，学术界对此的研究也较为匮乏。叶舒宪的《玄玉时代》正是从这一学术空白切入，从神话历史的视角提出"玄玉时代"的概念，用"四重证据法"考证5500年前至4000年前中原地区的玉文化版图与演变脉络，以此作为"五千年中国的新求证"。

"玄玉"一词出自《山海经·西山经》，是一则黄帝食玉种玉的神话："丹水出焉，西流注于稷泽，其中多白玉，是有玉膏，其源沸沸汤汤，黄帝是食是飨。是有玉膏，其原沸沸汤汤，黄帝是食是飨，是生玄玉。玉膏所出，以灌丹木，丹木五岁，五色乃清，五味乃馨。黄帝乃取峚山之玉荣，而投之钟山之阳。瑾瑜之玉为良，坚粟精密，浊泽而有光。五色发作，以和柔刚。天地鬼神，是食是飨；君子服之，以御不祥。"[2]《玄玉时代》一书中指出，玄玉在视觉上以黑色为主，深绿色、墨绿色、墨色的透闪石和蛇纹石，均可列入"玄玉"的范畴。作者通过十余次"玉帛之路"对中国中原和西部地区的拉网式踏勘，考察了5000年前中原与周边地区的玄玉分布情况。大约在距今6500年，蛇纹石玉确立了作为中国西部玉文化开端玉料的地位；分布在黄河的上游、中游的各个主要支流区域（主要是渭河与泾河）的蛇纹石玉，形成了一个联系中原与西部的早期蛇纹石玉料资源空间。"玄玉时代"意为流行黑色玉料为主的玉礼器时代，特指距今5500—4000年间中原和西部地区礼仪用玉的主要取材情况。大约在距

[1] 新华网：《良渚申遗成功，让文化活在当下》，http://www.xinhuanet.com/2019-07/08/c_1124721777.html。
[2] 周明：《〈山海经〉集释》，巴蜀书社，2019年，第67页。

今 5500—5300 年，玄玉礼器被批量生产，直到距今 4000 年，浅色透闪石玉替代了深色蛇纹石玉，由此宣告玄玉时代终结。[1]

文学人类学派认为，"四重证据法"的研究特色在于文物实证与神话阐释（即人文阐释）互动的原则。[2]

《玄玉时代》的学术价值，首先体现了神话学对文物的激活。神话在中国传统文科仅仅被当作民间文学类型来进行研究，这种研究模式不仅忽略了神话中包含的古老文明的历史信息，而且切断了重返前文字时代的文明溯源之路。该派学者于 2014 年提出神话观念决定论，并把神话观念作为贯穿"四重证据法"论证系统的理论主线。他们认为，神话背后的价值观和驱动力、运作机制是决定性的，神话观念对意识形态有原型编码作用，并指向一种普遍有效的人文研究指导性范式。探寻每一个文明的观念之源，需要诉之于史前至文明之初的神话观念形成史。[3]

自傅斯年提出"证而不疏"的理论以来，中国考古学专注于类型学和器物本身的研究，不太关心器物背后人的思维观念和精神信仰，在研究器物时往往只能止步于"见山是山，见水是水"的境界。神话学用神话观念解读器物，则可以达到"见山不是山，见水不是水"的境界，去深入洞悉器物背后的人类思维情感，以及人们对于那些器物产生好恶的文化逻辑。如果没有神话学的激活，中原地区从仰韶文化到龙山文化时期的玄玉礼器就只能是博物馆或库房里的死物。叶舒宪从开天辟地的创世神话和天玄地黄的早期宇宙观入手，阐释了玄黄二色的神话思维和文化逻辑，指出玄色是象征天的颜色，玄玉正是天赐神玉神话观念的物质载体，进而把玄玉与黄帝种玄玉、禹赐玄圭等早期神话和历史进行了连接贯通。正如王仁湘的评价："玄玉已经是神玉，它就是信仰提炼出来的象征，也是早期宇宙观的标志之一，有天有阳的意义，

[1]　叶舒宪：《玄玉时代：五千年中国的新求证》，上海人民出版社，2020 年，第 47-59 页。
[2]　叶舒宪：《物证优先：四重证据法与"玉成中国三部曲"》，《国际比较文学》（中英文），2020 年第 3 期。
[3]　叶舒宪：《神话观念决定论刍议》，《百色学院学报》，2014 年第 5 期。

与地与阴相对。"[1]通过对灵宝西坡墓葬的解读，作者指出玄玉神话信仰是中原玉文化发生的内在驱动力，仰韶文化的玄钺是中原三代玉礼文化的鼻祖，[2]由是凸显了中原地区早期玉文化信仰的特征，是对先前所提出的"玉文化先统一中国"理论推进与深化。

《玄玉时代》一书用大量的考古学证据，以"四重证据法"物证优先的原则，聚集数百张文物、玉料、玉矿图片资料立体描绘了从石峁、神木到杨官寨、灵宝西坡，再到陶寺、清凉寺、东龙山的中原地区玄玉文化版图，同时厘清了早期西玉东输进入中原的传播路线。《山海经》中关于玄玉的记载出自《西山经》，黄帝在西部山区播种玄玉，这个富于神话思维的叙事以前都被认为是玄幻式的文学虚构。然而，该派学者们在"玉帛之路"中通过对大地湾遗址、武山鸳鸯玉矿到关中杨官寨遗址和豫西灵宝西坡墓地等多地的田野考察，实证了产于西部的蛇纹石玉沿着黄河、渭河流域传入中原的路线，找到了西玉东输五千年以上的实证线索，把考古学的物证和人类学田野考察相结合，完成了传统的文献考据不可能做到的实证研究。

# 四、结语

作为"四重证据法"文明探源的又一最新成果，咸阳博物院在 2021 年 5 月 22 日举行的"仰韶玉韵—尹家村遗址出土文物展"展出了上海交通大学神话学研究院专家团队协助下辨识的一批珍贵文物。咸阳尹家村遗址早在 1957 年就被发现，一批在遗址现场采集的仰韶文化时期玉石斧钺长期沉睡在博物院文物库房里，其中墨色、墨绿和绿色蛇纹石玉斧钺多达 15 件，居仰韶时期玉礼器数量之最。如今，这批文物在专家的协助辨识下重见天日，这不仅对于重新认识和研究仰韶文化具有重大意义，更是新文科

---

[1] 摘自 2021 年 5 月 22 日王仁湘在"纪念仰韶文化发现暨中国考古学诞生一百周年'玄玉时代'高端论坛"的学术总结发言，未刊稿。

[2] 叶舒宪：《玄玉时代：五千年中国的新求证》，上海人民出版社，2020 年。

建设大潮中所催生的校地合作典范。[1] 在当天下午举办的"纪念仰韶文化发现暨中国考古学诞生一百周年'玄玉时代'高端论坛"上，与会专家对"玄玉时代"理论的学术价值进行了深入的探讨，展望了新文科思维下文明探源的趋势。中国社科院考古所的王仁湘研究员肯定了"四重证据法"研究范式取得的有效突破，指出跨学科交叉研究在未来的重要性和必要性：神话学向考古靠拢，而且有了颠覆性的发现，对考古学研究有重要的推动和促进作用。玄玉观念的提出和尹家村线索的发现，让我们看到了仰韶文化研究新的突破方向。仰韶文化还有很多谜，让我们共同努力揭开它一层一层的面纱。我们过去过多用力于物质方面，从城市、冶金、文字去考虑，明显忽略了精神层面，忽略了信仰传播与认同过程的研究。如果这个倾向得不到纠正，我们可能很难顺畅地到达预定的目的地。[2] 我们可以期待，"四重证据法"作为突破传统文献研究的工具，利用证据间性立体释古，以神话历史的研究模式上溯到文化大传统的场域，正是重新进入中华文化源头的一个契机。在新文科建设的潮流下，"四重证据法"的方法论价值将被更多人认知，这一新兴方法论还会在文明探源中爆发出更强大的创新力。

---

[1]　摘自 2021 年 5 月 22 日上海交通大学党委常委、统战部张卫刚部长在咸阳博物院仰韶玉韵文物展揭幕仪式上的致辞发言稿。

[2]　摘自 2021 年 5 月 22 日王仁湘在"纪念仰韶文化发现暨中国考古学诞生一百周年'玄玉时代'高端论坛"的学术总结发言，未刊稿。

咸阳古渡公园

# 仰韶玉器与古代中国的神权认同
## ——尹家村遗址出土"玄钺"的历史底蕴

柴克东

自 1921 年仰韶文化被发现至今，已经过去了整整一百年。百年来发现的仰韶文化遗址多达 5000 多处，被正式发掘的也已超过 100 余处。仰韶文化丰富了黄河中上游地区新石器时代的文化面貌，为华夏文明多元一体格局的形成注入了强劲动力。

以往学术界对仰韶文化遗存的研究主要聚焦在陶器、半地穴式建筑以及驯化动植物等，[1] 对仰韶玉器的研究则稍显不足，其主要原因在于见诸考古报告的仰韶玉器数量较少，目前只有在龙岗寺、大地湾、福临堡、案板、新街、西坡、杨官寨等遗址中有少量发现，其中以蛇纹石材质居多，透闪石玉质极为罕见。有学者据此认为，仰韶文化与同时期红山、良渚等玉礼器发达的史前文化在文明演进中遵循不同的发展模式，红山文化是神权为主的神权国家，良渚文化是军权、神权、王权相结合的神权国家，仰韶文化则是王权和军权结合的王权国家，神权特征不明显。[2] 这一观点在近年来的文明起源研究中影响颇著，几乎成为共识。笔者认为，由于对仰韶文化玉礼器的神话内涵及其历史底蕴认识不够全面，致使仰韶文化中的神权统治色彩长期隐而不彰。有鉴于此，本文将以尹家村出土玉礼器的展览为契机，从文学人类学"大、小传统"的新视野谈谈仰韶玉器在古代中国神权认同方面发挥的独特作用。

---

[1]　中国社会科学院考古研究所编：《中国考古学：新石器时代卷》，中国社会科学出版社，2010 年，第 221–231 页。
[2]　李伯谦：《中国古代文明演进的两种模式：红山、良渚、仰韶大墓随葬玉器观察随想》，《文物》，2009 年第 3 期。

# 一、被尘封的尹家村遗址玉礼器

　　尹家村遗址位于渭河北岸东西向高起的台地上，东北距咸阳市中心约 10 公里。1957 年 10 月，陕西省文物局在对咸阳地区进行文物普查工作时，首次发现了这一处新石器时代遗址。遗址东西长 1750 米，南北宽约 750 米，总面积超过 130 万平方米，属于大型聚落。遗址共征集和采集石器 23 件，陶器和陶片 31 件，骨簪 1 件。就彩陶与磨石光器共存的现象来看，遗址的上限可至西安半坡时期，其中带孔的石斧、石锛、石凿等做工精细，制作时代可能略晚。[1]由于当时仅做了试探性勘探，并未展开正式发掘，有关遗址的基址、陶器、石器、骨器等人工制品出处以及遗存之间的共生关系等重要信息，在调查报告中完全阙如，这使得尹家村遗址的聚落形态、社会组织及年代分期等研究工作无法展开。报告在当时未引起重视，此后尹家村遗址也始终没有正式发掘。

　　2021 年 5 月中旬，笔者于咸阳筹备"仰韶玉韵——尹家村遗址出土文物展"期间，曾实地走访过尹家村遗址。64 年前勘探过的灰坑如今已杂草丛生，从一些裸露在外的横断剖面上依然能够清晰看出厚厚的堆积层。红色的陶片有些嵌在灰土层里，有些被经年累月的雨水冲刷下来，俯拾皆是。经同行的考古学家王仁湘、张天恩等先生辨识，这些陶片属于典型仰韶红陶，有些年代可能接近半坡遗址。

　　1957 年从尹家村遗址征集到的一批玉石钺，有 18 件被保存在咸阳博物院（见图 1），64 年来从未向外界展示过。2021 年 2 月，上海交通大学神话学研究院专家在咸阳博物院协助下辨识出这一批珍贵文物。后经上海应用技术大学刘卫东教授利用漫反射红外光谱仪检测，结果显示有 14 件墨色、墨绿色和绿色玉钺的质地

---

[1]　王玉清：《陕西咸阳尹家村新石器时代遗址的发现》，《文物参考资料》，1958 年第 4 期。

◎图 1　尹家村遗址出土玉石器。2021 年 5 月 16 日摄于咸阳博物院

为蛇纹石，1 件碧绿色玉钺为透闪石，另外 3 件石斧属于石质。[1] 这 15 件玉钺在数量上已经超过灵宝西坡墓地和杨官寨出土玉钺数量的总和，[2] 而且其中一件透闪石玉钺更是迄今为止仰韶文化所罕见（见图 1 中左起第 4 列第 2 件）。

由于尹家村遗址从未正式发掘，15 件玉钺全部由征集而来，因此很难根据层位关系来判断这些玉钺的绝对年代。幸运的是，距尹家村遗址 200 公里之外的灵宝西坡墓地出土的 12 件玉钺，从形制和材质上看均与尹家村玉钺如出一辙，这为初步判断尹家村玉钺的年代提供了一些佐证。西坡墓地的 12 件玉钺属于庙底沟时期，即仰韶文化中期，[3] 尹家村遗址的玉钺年代可能与之相仿。

---

[1]　刘教授在 2021 年 5 月 22 日于咸阳举办的"'玄玉时代'高端论坛"上对测试结果作了宣读。

[2]　灵宝西坡墓地共出土玉石钺 13 件，其中 12 件为深色蛇纹石材质，1 件为白色方解石材质，分别出自 34 座墓中的 10 座墓地。详见中国社会科学院考古研究所、河南省文物考古所：《灵宝西坡墓地》，文物出版社，2010 年，第 32、36、41、45-47、61、74、78、103-104、112 页。

[3]　中国社会科学院考古研究所、河南省文物考古所：《灵宝西坡墓地》，文物出版社，2010 年，第 276 页。

尹家村遗址和西坡遗址发现的玉钺到底承载着什么样的史前信仰？这些信仰在文明起源进程中发挥了哪些作用？深色玉石礼器对进入文明阶段的夏、商、周、秦政权有何影响？要回答这些问题，我们只有挣脱文字小传统的束缚，进入到更为广阔的无文字大传统时代一探究竟。

## 二、作为神权象征的仰韶玉钺

从世界文明史的大背景看，人类迈入文明的第一步总是发生在神权政治的统治之下。古埃及、秘鲁和古巴比伦的最高统治者都曾要求，并接受他们的臣民把他们当成天神来加以服从和尊崇。弗雷泽在研究国王的起源时也指出，国王的前身往往是身兼祭司的巫师，他们因为能够直接与神灵沟通而被视为人神之间的中介。[1] 这一观点也得到了考古学理论的支持。埃尔曼·塞维斯等新进化论者提出的"酋邦理论"认为，酋邦是介于原始社会与早期国家之间的政治组织，酋长的权力主要来自非强制性的"权威"，而非强制性的军事权力。酋长们获得"权威"的方式，除从事生产、生活和战争的丰富经验外，最重要的一点来自酋邦成员对其拥有神权的认同。[2] 李禹阶先生在近期的一项研究中指出，我国在由史前平等社会向早期国家的转型过程中，也出现过巫觋依靠神权权威来获取部落成员认同的机制。[3] 本文的研究将进一步表明，在中华文明的起源进程中，玉礼器所承载的"天人合一"神话信仰对神权认同机制产生了深远影响，以玉钺为代表的仰韶玉器，既是巫觋借以通神的中介圣物，也是他们借以维持仰韶社会精神凝聚与秩序稳定的象征符号。

河南濮阳西水坡遗址 M45 发现的三组蚌壳摆塑动物图案，表现的是墓主人在动物神佑助下灵魂通天的仪式场景，墓主人显

[1]　詹姆斯·弗雷泽：《金枝》，汪培基等译，商务印书馆，2016 年，第 22 页。

[2]　易建平：《从摩尔根到塞维斯：酋邦理论的创立》，《史学理论与研究》，2008 年第 4 期。

[3]　李禹阶：《中国文明起源中的巫及其角色演变》，《中国社会科学》，2020 年第 6 期。

系部落巫师。[1] 在第二组摆塑动物蜘蛛和鹿之间，有一件制作精致的石斧，[2] 这件石斧可能与动物神一样具有指引墓主人灵魂通天的功能。河南临汝阎村仰韶文化中期墓葬中出土一件陶缸，上面绘制有一幅"鹳鱼石斧图"，严文明先生认为该图表现的是以白鹤为图腾的氏族击败了以鲢鱼为图腾的氏族，而石斧则是作为白鹤氏族首领的墓主人权力的象征。[3] 但就石斧与鹳鸟和鱼同时出现在墓葬中而言，其用意可能与西水坡 M45 中的石斧和动物的象征意义相同，即表现墓主人在石斧和白鹤、鱼的佑助下灵魂通天的场景。半坡时期发现的彩陶上，往往有鱼、鸟共存的图案，"鹳鱼石斧图"就明显模仿了宝鸡北首岭仰韶文化早期的"水鸟衔鱼"彩陶画，这说明鱼和鸟在仰韶文化中都曾被当作神话动物看待。阎村发现的这件陶缸，在仰韶文化中比较常见，学者们称之为"伊川缸"，是用来进行二次葬的葬具，在其底部往往有一个 0.8—0.9 厘米的圆孔。这种圆孔也常见于半坡时期的瓮棺上，笔者曾就此撰文讨论，认为它们与"鱼纹"或"蛙纹"的搭配表现的是巫觋借助动物神的佑助使灵魂从圆孔中通天的宗教信仰。[4] 因此，阎村"鹳鱼石斧图"陶缸的主人，应该也是一位部落的巫师。

由此可见，在仰韶文化中，巫觋的特异之处在于他们能够借助石斧和动物神的佑助使得灵魂通天。但这并不意味着石斧仅仅是作为墓葬中的"明器"使用。实际上，石斧是仰韶文化中最为重要的生产工具，半坡遗址发现的工具中以石斧数量为最巨，共三百余件。其中有五分之一的石斧通体磨光和钻孔，保存完好，与作为生产工具的石斧明显有别。[5] 这些精制石斧在居址和墓葬中均有发现，说明它们在仰韶聚落和墓葬中都具有特别神圣的意义。考虑到石斧在我国新石器时代普遍被认为是权力的象征，[6]

[1] 张光直：《仰韶文化巫觋资料》，《"中研院"历史语言研究所集刊》，1993 年，第 622 页。
[2] 丁清贤、张相梅：《1988 年河南濮阳西水坡遗址发掘简报》，《考古》，1989 年第 12 期。
[3] 严文明：《鹳鱼石斧图跋》，见严文明：《仰韶文化研究》（增订版），文物出版社，2009 年，第 354 页。
[4] 柴克东：《仰韶"彩陶鱼纹"的神话内涵新解——兼论中国古代的女神崇拜》，《文化遗产》，2019 年第 5 期。
[5] 中国科学院考古研究所、西安半坡博物馆：《西安半坡》，文物出版社，1963 年，第 60 页。
[6] 钱耀鹏：《中国古代斧钺制度的初步研究》，《考古与学报》，2009 年第 1 期。

那么，由作为生产工具的石斧向神权象征符号的转变，就是因为石斧被赋予了交接神人、沟通天地的神话内涵，当这种功能被掌握在少数巫觋手中时，自然会获得部落成员对其拥有神权的认同。

从仰韶文化中期开始，墓葬中开始出现了一些新的变化。以往在高等级墓葬中由玄武岩制作的石斧开始被深色蛇纹石玉料制作的玉钺代替，而早期仰韶彩陶上常见的写实动物纹饰逐渐消失，代之以各种几何纹或简单的堆纹。西坡墓地中的绝大多数陶器素面无纹，已经与实用器无别。墓葬中的这些变化折射出仰韶聚落中礼仪行为和神权信仰的重建，究其原因既有外来文化的影响，又与庙底沟时期因聚落快速扩张而导致的社会分层有关。

中国玉文化的源头，可以追溯至 8000 年前的兴隆洼文化时期，然后用 3000 年时间由北向南传播，主要覆盖东部的几个考古学区域，随即向西传播进入中原。这两个玉文化传播路线，学界称为"北玉南传"和"东玉西传"。[1]中原和关中地区的仰韶文化墓葬中突然出现的这批用蛇纹石制作的玉钺，就是"东玉西传"影响的结果。[2]玉文化是物质与精神的统一体。就其物质因素而言，红山、良渚等东部史前玉器呈现出颜色以深绿或淡绿为主，造型生动写实，纹饰细腻繁复的华丽风格；而仰韶文化则呈现出玉料以蛇纹石为主，玉器造型单一、不事雕琢的质朴风格。就其精神因素而言，自兴隆洼文化时期就已经形成的"玉代表天""玉代表神""玉代表永生"的玉石神话信仰，[3]在经红山、良渚等东部玉文化的传承发扬后，又被仰韶文化所接受，因此在新石器时代的几大史前文化中，玉礼器都被视为是神人关系的现实纽带和"天人合一"的中介圣物。

如果说仰韶文化接受玉石神话信仰是"东玉西传"影响的结

---

[1]　叶舒宪：《玉石神话信仰与华夏精神》，复旦大学出版社，2019 年，第 446 页。

[2]　大约在 5300 年前，东西部上层文化交流开始变得频繁起来，环太湖流域的一些史前文化沿着淮河及其支流的汝河、颍河传入中原，再逆黄河、渭河而上向关中地区传播。西坡遗址中出现的 4 件大口缸，就带有明显的太湖文化风格，详见马萧林：《灵宝西坡墓地再分析》，《考古与文物》，2019 年第 5 期。

[3]　叶舒宪：《玉石里的中国》，上海文艺出版社，2019 年，第 18 页；叶舒宪：《玉石神话信仰与华夏精神》，复旦大学出版社，2019 年，第 20 页。

果，那么仰韶玉器所使用的蛇纹石原料则是"西玉东输"的结果，这是"玉帛之路"考察团经过 13 次实地调研得出的结论。甘肃天水武山县蛇纹石大型玉矿，为仰韶先民提供了制作玉礼器的原料。5000 多年前的先民主要沿着渭河及其主要支流，如泾河、环江、马莲河、茹河、蒲河、葫芦河以及甘陕交界处子午岭东侧的延河、洛河、无定河、秃尾河等，向关中及中原输送制作玉钺的蛇纹石原料。[1] 武山出产的蛇纹石玉，颜色以浅灰绿、深灰绿、灰黑、黑色为主，偶见白色、灰绿色，其人工制品往往因玉质成分差异而呈现或深或浅的鳞片状，似蛇皮的纹饰一般，蛇纹石得名即由此而来。在强光照射下，蛇纹石会呈现由嫩绿到深黑的颜色变化。这些物理特性赋予了蛇纹石玉礼器一种鲜明的地方特色和文化属性。

在传世文献中，由蛇纹石玉料制作的玉礼器被统称为"玄玉"。何谓"玄"？《说文解字》曰："玄，幽远也。黑而有赤色者为玄。"其中包含了古人对"玄"字的两种基本内涵——幽远和黑中带赤的颜色——的理解，透露出大传统时代先民们对天空特性的体认。在仰韶先民朴素的认知观念中，天空既深邃、神秘，又富于变化，能够呈现极致的黑色，这些认知组合在一起，就构成了"玄"的原始内涵。"黑中带赤"蕴含的是仰韶时期黑色和赤色组合搭配的传统。仰韶文化彩陶往往以赤色作为底色，再用黑色染料绘制各种具有神话意味的纹饰，例如著名的"人面鱼纹"彩陶盆。赤色作为浅色系的代表，在仰韶文化中与黄色属于同一色系，玄—黄、玄—赤的组合，反映的是仰韶先民"天玄地黄"的神话宇宙观。将"玄"的内涵赋予蛇纹石制作的玉礼器，是因为后者能够唤起有关天的特定联想。科林·伦福儒指出："赋予具有象征意义的人工制品以含义，在考古学上是个常见的问题。一般而言，象征符号与所指对象之间的关系是一种传统上而非逻辑上的关系。"[2]

---

[1]　叶舒宪：《认识玄玉时代》，《中国社会科学报》，2017 年 5 月 25 日，第 7 版。

[2]　科林·伦福儒、保罗·巴恩：《考古学：理论、方法与实践》，陈淳译，上海古籍出版社，2015 年，第 396 页。

天以其幽远、神秘引起人们心灵上的敬畏，当玄钺被注入"天"的象征意义时，其价值就从一般的石斧中脱颖而出，成为身份标识和信仰认同的象征物，拥有此神物的人，自然会受到聚落群体的拥戴。

迄今为止，仰韶文化发现的规模性玉礼器，以灵宝西坡遗址和尹家村遗址最具代表性。西坡墓地出土的 12 件玉钺，在成年、幼年男女墓中都有发现，叶舒宪教授曾对这些玉钺的功能有过深入研究。叶教授认为，西坡墓地墓主人的头向大都朝向西方，陪葬品玉钺的摆放位置一般位于墓室中偏上，且有三分之二(共9件)的玉钺刃部向上，与墓主人头向一致。同时陪葬有陶釜、陶灶的墓室呈现出陶器在墓室底部、玉礼器在墓室中上部的组合方式。叶教授据此认为，黄色的陶器位于脚底，黑色的玉钺置于头部，暗示墓主人希望借助陶灶和玉钺各自的隐喻功能——火的推动力和玉代表天的神话信仰——引领灵魂升天的美好愿景。[1] 由上文论述可知，石斧在仰韶文化早期既已被视为巫觋通神的中介，因此由石斧演变而来的玉钺也当作如是观，叶教授关于玉钺能够引领墓主人灵魂升天的判断，十分正确；但是，叶教授认为与玉钺搭配的陶灶也具有和玉钺同样的功能，却值得商榷。

在新石器时代中晚期的高等级墓葬中，玉器与陶器的组合方式十分常见，例如凌家滩墓地、良渚反山、瑶山墓地都大量随葬玉器，且陶器均位于脚坑中，与西坡墓地的情形十分相似，但这些墓葬中都没有发现用来"点火"的陶灶。西坡墓地中出土的陶灶也不是与玉钺组合搭配的典型器，如 M11、M17 两座墓室均出土了数量最多的 3 件玉钺，但并不见陶灶；出土 1 件玉钺的 M9、M22、M34 等墓室中也没有发现陶灶；相比之下，从其他仅随葬陶器的墓室来看，陶灶也并非必备品，如 M3 随葬的陶器是 12 套带盖杯形器，M5 随葬陶器为 1 件纺轮，M26 随葬陶器

---

[1] 叶舒宪：《玄玉时代：五千年中国的新求证》，上海人民出版社，2020 年，第 132-133 页。

为若干带盖杯形器。[1] 这说明，陶灶的功能可能与其他陶器一样，在西坡墓地中仅作为炊器之一种，并无特殊内涵。值得注意的是，与玉钺多少有些使用痕迹不同的是，西坡墓地中发现的陶器全部是临时制作的"明器"，除了 4 件特别用来标识墓主人身份的大口缸外 (发现于 M8、M27)，其他陶器全部与实用器无异。有些墓葬中陶器组合的丰富程度给人一种强烈的印象，它们似乎是为墓主人准备的一整套炊具，以方便他们在另一个世界也能举行祭祀庆典或宴会。有理由相信，西坡墓葬中增强的"现实"因素，暗示仰韶文化庙底沟类型中开始出现了一种"事死如生"的宗教信仰。玉钺与陶器的组合搭配，呈现出巫觋开始在神权统治中融入世俗权力的趋势，玉钺不再仅仅是指引巫觋灵魂升天的神圣中介，其现实因素也被融入死后世界而成为彰显其身份的贵重之物。

考古研究证明，庙底沟时期是仰韶聚落开始全面向周边地区扩张的时期，原来由细石器文化所占据的北方和西方边缘之地，现在都被纳入仰韶文化的聚落之中。[2] 人口数量的迅速增加进一步加剧了社会的复杂化程度，区域聚落的等级化程度有所发展，像西坡遗址已经呈现出三级体系的聚落形态。虽然小型的半地穴式建筑仍然居多数，但中型和大型聚落建筑开始涌现，[3] 这预示着社会等级制度的确立和复杂化程度的加剧。在这场社会变动中占有先机的巫觋阶层，逐渐凌驾于氏族成员之上而成为真正意义上的统治者。他们的权力需要得到群体成员的认同，尤其针对那些刚刚被纳入聚落共同体之中的边缘部落。但是，庙底沟时期的考古遗存中并没有出现像陶寺遗址那样惨烈的战争和杀俘场面，说明这一时期的巫觋获得权力认同的方式是通过一种相对温和的机制。西坡遗址最大的一座建筑 F105，总占地面积为 526 平方米，

[1]　中国社会科学院考古研究所、河南省文物考古所：《灵宝西坡墓地》，文物出版社，2010 年，第 26、30、39、41、45、61、74、91、112 页。

[2]　戴向明：《黄河流域新石器时代文化格局之演变》，《考古》，1998 年第 4 期。

[3]　河南省文物考古所、中国社会科学院考古研究所河南一队、三门峡市文物工作队等：《河南灵宝西坡遗址 105 号仰韶文化房址》，《文物》，2003 年第 8 期。

室内面积达到 204 平方米。它的修建需要投入大量的劳动力,应当集合了几个聚落的力量。刘莉教授指出,西坡遗址大量养猪可能是为了供应礼仪宴飨,而这种宴飨可能就是在 F105 这种大建筑内举行的。[1]联系西坡墓地中出现的大量成套的炊具,笔者认为,仰韶文化曾盛行着一种类似于马塞尔·莫斯在美洲的特林基特和海达印第安部落中观察到的夸富宴 (potlatch),莫斯的分析说:

"potlatch"的本义是"供养"和"食用"。这些部落生活在岛屿、海岸或落基山脉与海岸之间,极其富足,一到冬天便用接二连三的节日、宴庆和集市来打发时间,这些活动同时也就是整个部落的盛大集会。聚会将依据部落内的等级团体和秘密会社加以组织,而这些群体又常常与氏族相混同。总之,氏族、婚礼、成年礼、萨满仪式、大神膜拜、图腾膜拜、对氏族的集体祖先或个体祖先的膜拜,所有这一切都纠结在一起,形成了一个由仪式、法律呈献与经济呈献等组成的错综复杂的网络,而人群中、部落中、部落同盟中乃至族际间的政治地位也在其间得到了确定。尤其值得一提的是,竞争与对抗的原则贯穿于所有这些仪轨。[2]

根据莫斯的解释,夸富宴的实质,是部落首领将自己拥有的贵重之物在各种盛大仪式中展示出来,或直接向竞争者进行分配、赠予,由此获得一种权力和声望的认同。这些权力涵盖部落生活的诸方面,例如军事、司法、经济、宗教等。接受礼物的人只有两种选择,要么承认对方的权威和声望,要么在下一次的夸富宴上拿出更加贵重的礼物回赠对方,用莫斯的话说,就是"将对方置于自己姓名的阴影之下"。根据上文对庙底沟时期仰韶社会诸因素的分析,笔者认为像尹家村和西坡这样的大型仰韶文化聚落,很可能存在夸富宴传统。在渭河流域漫长冬季里,仰韶先民有足够充裕的时间举行各种聚会。类似于马家窑彩陶上所描绘的那种集体舞蹈场面,在仰韶聚落中肯定十分普遍。而主持这种集会的

[1] 刘莉、陈星灿:《中国考古学:旧石器时代晚期到早期青铜时代》,陈洪波、乔玉等译,生活·读书·新知三联书店,2017 年,第 202 页。

[2] 马塞尔·莫斯:《礼物——古式社会中交换的形式与理由》,汲喆译,上海人民出版社,2005 年,第 10 页。

首领，其身份标识就是玄钺。此外，聚落中不同氏族或首领之间的竞争，或是对一个新加入边缘氏族的拉拢，不是通过战争或其他暴力手段，而是在夸富宴上面对聚落群体时向对方首领赠予贵重之物——玄钺。通过这种方式，赠予者获得了权威和声望，而接受礼物的一方则被置于对方的声望之下。若想再压倒对方，只有赠予更加精致的礼物。这种竞争机制刺激氏族首领们不惜代价制作质地更加优良、造型更加精美的玄钺。这就是为什么在尹家村遗址和西坡墓地出土的玄钺中，没有两件是完全相同的，玉料的质地也存在优劣之别。

综上所述，在仰韶文化中，玄钺之所以被视为贵重之物，首先是因为它脱胎于象征神权的石斧，其次是在"东玉西传"的影响下被赋予了天的象征意义，这种意义使氏族成员相信它们具有控制人和事物生死的力量。新兴巫觋阶层为了博取声望与权力而形成的竞争机制，在将玄钺的神圣性推向极致的同时，也进一步加剧了聚落的等级分化。在仰韶文化晚期，像大地湾这样的遗址已经发展成大型地区中心，大型的公共建筑位于遗址中心，而该遗址也是周围聚落遗址的中心。[1] 这种聚落结构与良渚古城的向心式三重结构已相差无几，反映出仰韶晚期出现了能够统领整个聚落联盟或酋邦的大首领，那种在整个仰韶中期可能持续几百年的竞争机制逐渐消失，玄钺的功能和形制也由此发生转变。为了刻意彰显拥有神权的威仪和至高无上性，更具辨识度、技巧性、神秘性甚至是威慑性的玄玉礼器——牙璋，代替了原始粗朴的玄钺，成为天赐神权合法性的神圣之物。

## 三、继承与突变：扩张时期的石峁牙璋

紧接着仰韶文化余绪而兴起的庙底沟二期文化和中原龙山文化，已经出现了规模性生产和使用玉礼器的情形，尤其是地处晋

---

[1] 郎树德：《甘肃秦安大地湾901号房址发掘简报》，《文物》，1986年第2期。

南的芮城清凉寺墓地、下靳墓地、陶寺遗址等，不但玉礼器的种类较之仰韶时期更为丰富，人们辨识玉石材质的经验和加工制作玉石礼器的技术也有显著提高。在陶寺遗址出土数量众多的玉礼器中，真正能称得上玄玉的属极少数，但在已识别出的玄玉礼器中，又以玄钺数量最为可观，而且质地优良的玄钺仅出现在高等级墓葬中，这说明陶寺先民不但继承了仰韶时期以玄钺为圣物的传统，而且在高度分化的社会秩序中，玄钺在依然保留其神权象征的同时，也成为集军权、王权于一身的象征符号。

当历史进入公元前二千年纪元的时候，中华大地呈现出方国林立的局面，齐家、石峁、龙山、月亮湾、肖家屋脊、孙家岗等文化都以发达的玉礼器见称，"相互作用圈"的形成使这些方国中的玉礼器呈现出由多元向一体的演变趋势，但每个文化又同时保留了极具地方特色的玉礼器传统，地处陕北黄土高原北部边缘的石峁文化，就以精雕细琢的黑色或墨绿色牙璋独树一帜。

有关石峁牙璋的起源，过去主要有两种观点。邓聪先生认为山东罗圈峪出土的龙山时期牙璋，是迄今为止发现的年代最久、形制最古的璋形器，故山东当为东亚地区牙璋之发源地。[1] 邓淑苹教授认为石峁牙璋使用的优质透闪石墨玉矿仅存在于陕北、川西等地，山东、中原地区均缺乏这种玉矿，因此牙璋的起源应在陕北和川西地区。[2] 笔者认同邓教授的观点。事实上，就石峁玉礼器大量使用黑色玉料这一点来看，与仰韶文化用玉传统可谓一脉相承，再根据玉帛之路考察团在 2017 年 4 月对陕西考古研究所藏石峁牙璋的透光性实验，发现大部分墨色牙璋在强光照射下呈现出与仰韶玄玉完全相同的渐变嫩绿色，而这正是武山产蛇纹石玉料的典型特征，证明石峁先民制作牙璋的玉料，与仰韶先民制作玄钺的玉料均有可能来自天水武山。[3] 石峁牙璋另一个值得

[1]  邓聪：《东亚最早的牙璋——山东龙山式牙璋初论》，见山东博物馆、良渚博物院编：《玉润东方：大汶口—龙山·良渚玉文化展》，文物出版社，2014 年，第 51—62 页。

[2]  邓淑苹：《牙璋探索——大汶口文化至二里头期》，《南方文化》，2021 年第 1 期。

[3]  叶舒宪：《玄玉时代：五千年中国的新求证》，上海人民出版社，2020 年，第 82 页。

关注的特征是开始大量使用透闪石墨玉，但这并不足以否定石峁玉器受仰韶玉器影响的基本判断，因为在尹家村遗址最近展出的玄钺当中，也有一件用透闪石墨玉制作的玄钺。

与尹家村、西坡等仰韶中期文化相比，石峁古城在遗址规模和遗存丰富性上都远较前者为胜。400多万平方米的庞大体量，雄伟高大的皇城台，宏大复杂的城门，讲究的城墙砌筑技术，精美的玉器、石雕和铜器等，都显示出存在强大的社会组织能力和集权统治的特点。[1]古城中各种风格迥异的玉器、陶器、石器等人工制品，显示这里曾是一个多元文化汇集的区域中心，而在城墙和门道下发现的大量带有砍斫痕迹的头骨，反映了石峁时期浓厚的宗教习俗和残酷的杀俘手段。总之，考古遗存一方面反映了石峁文化随着血腥征伐而引起的社会结构多元化和复杂化特征，另一方面也反映出石峁统治阶层急切扩张的野心。在此社会背景之下，原来在仰韶文化中用以博得声望和权威的玄钺，此时被改造成带有杀伐之气的牙璋，精雕细琢的扉牙和歧出带刃尖头，在墨色修长形体的映衬下凸显了石峁王者不容侵犯的神圣权威。

有关石峁牙璋的功能，日本学者林巳奈夫先生在20世纪80年代末的研究极具启发性。林氏注意到，龙山文化牙璋和多孔大玉刀有些是单刃，有些是双刃，少数单刃的玉兵器能够完美贴合为一个双刃玉器，林氏解释这种现象说：

> 此式玉器证明是先秦时代之契约书或符契——一枚木板之两侧书写相同文字的契约书，从中央分割为二。在竹简上写上几条相同文字的通行证，将其一条一条切割下来，作为关卡通行证——相同之功能者，是极有力的证据。[2]

林氏认为被剖分为二的牙璋或多孔玉刀就像先秦时期的虎符或符契，具有契约文书的功能。按《周礼·典瑞》曰"牙璋以起军旅、以治兵守"，从牙璋和多孔玉刀作为玉兵器这一点来看，

[1]　孙周勇：《石峁遗址皇城台地点2016—2019年度考古新发现》，《考古与文物》，2020年第4期。
[2]　林巳奈夫：《中国古玉研究》，杨美莉译，艺术图书公司，1997年，第287页。

被剖分的牙璋可能确实被用作战争时调遣军队或统领军事首领的信物。其中的权力认同机制，与仰韶时期既有因袭，又有所损益。析言之，在仰韶聚落的夸富宴中，让受赠者真正感受到压力的不仅有玄钺礼物的贵重性和神圣性，其中还有被莫斯称为"毫(hua)"的施赠者个人成分存在，正是这种"毫"的力量迫使受赠的一方必须回赠礼物。[1] 但在石峁文化中，国王向下级贵族赠予牙璋，其目的已不再是希望得到回赠的礼物，而是将受赠者永远置于自己的"威权"之下。[2] 受赠者接受的牙璋不仅是依附天神、祖先或精灵的圣物，同样也是石峁国王个人的替代品；尤其当一件牙璋被剖分为二时，这种真人替代品的意图就愈加强烈。换言之，石峁牙璋增强了国王自身的神性，使其本人被视为神或神在人间的代理者。如果说仰韶时期的巫觋获取神权认同的方式主要在于借助石斧或玉钺使得灵魂通天，那么石峁时期的国王由于与生俱来的神性而拥有先天性的神权，牙璋只是增强其神性或使其神性更加得以彰显的神圣符号。因此，石峁时期自上而下的礼物赐予决定了受赠的一方永远无法回馈国王同等价值的礼物，只能向其表示永久的忠诚。

　　从仰韶时期巫师的"权威"向石峁国王"威权"的转化，是新石器时代社会分层、原始宗教、血缘继承、世俗权力等相互纠缠、合力的结果。这种合力促使石峁社会逐渐由"权威"性管理向"强制"性的武力、神权混合体的"威权"治理方式转型。李禹阶先生指出："随着史前社会的复杂化，一些上层人物如巫师之类通过'公众巫术'而不断占有'公权力'，并将过去属于服务性的'公权力'转变为具有暴力及威慑意味的政治性'权威'。这些巫师兼首领集团通过神权和王权力量，在不断占有公共资源的过程中，

[1] 马塞尔·莫斯：《礼物——古式社会中交换的形式与理由》，汲喆译，上海人民出版社，2005年，第19-20页。
[2] 此处的"威权"与酋邦时代的"权威"存在显著差异。李禹阶先生指出："酋邦能够进行动员与组织、获取资源的力量来源，主要是宗教神权。"参见李禹阶：《中国文明起源中的巫及其角色演变》，《中国社会科学》，2020年第6期。

促进了'酋邦'向早期政治国家的转型"。[1] 的确,在石峁文化中,作为王权、神权和军权三权统一象征物的牙璋,其生产制作已完全被统治者所垄断。皇城台的考古发掘显示,生活在石峁古城最核心位置的不仅有高等级贵族,还有掌握贵重物核心技术的手工业者,[2] 牙璋就是由这样一群职有专司的手工业者制作。牙璋作为神圣之物,还具有辟邪驱魔的功能。《越绝书》记载风胡子之语曰:"至黄帝之时,以玉为兵,以伐树木为宫室,凿地,夫玉亦神物也……"用玉制作的兵器砍伐树木或凿地以建筑宫室,只是一种象征性行为,目的是借助玉的神性以保障宫室建筑不受邪恶力量的威胁。石峁统治者在建造城墙时,将大量珍贵的牙璋、玉刀置于墙体内,也是希望借助玉兵器的神性震慑任何可能威胁到古城安全的邪恶力量。[3]

总之,以牙璋为典型代表的石峁玄玉,与仰韶玉器既存在传承关系,又体现出鲜明的时代特色。由于石峁统治者的"尚武"传统完全不同于仰韶首领那种温和竞争刺激下的夸富宴机制,因此牙璋不仅在形制上较之玄钺更具威慑性,同时也被赋予了更多杀戮、征伐、扩张、辟邪、驱魔等因素。然而,华夏文明兼容并蓄的历史经验早已证明,暴力冲突只能造成永久的对抗和隔膜,绝不会带来持久的稳定与和平。在进入夏朝以后,牙璋完成了"化干戈为玉帛"的功能转变,标志着华夏文明正式进入了以礼仪秩序代替对抗混乱的历史阶段。

## 四、万邦玉帛:由多元到一体的文明进程

石峁古城的多元文化特征,被许多学者认为已经具备了万邦来朝的王朝气象,由此也引发了有关石峁文化是否是夏早期文化

[1] 李禹阶:《中国文明起源中的巫及其角色演变》,《中国社会科学》,2020 年第 6 期。

[2] 孙周勇:《石峁遗址皇城台地点 2016—2019 年度考古新发现》,《考古与文物》,2020 年第 4 期。

[3] 叶舒宪:《玉石之路与华夏文明的资源依赖——石峁玉器新发现的历史重建意义》,《上海交通大学学报》(哲学社会科学版),2013 年第 6 期。

的讨论。[1] 牙璋作为夏王朝公认的核心玉礼器，[2] 大量出现在石峁古城中，证明两种文化之间确实存在不容忽视的紧密联系。夏族之人也许是当时附属于石峁古国的一个族群，因治水有功而受到石峁国王的认可，于是有了文献记载中不绝如缕的玄圭之赐，如《尚书·禹贡》"禹赐玄圭，告厥成功"，《史记·秦本纪》"禹平水土有功，禹赐玄圭"，《水经注·洮水》"禹治洪水，西至洮水之上，受黑玉，书于斯水上"，《北堂书钞》"禹治水毕，天赐玄圭"等，这些记载中的"玄圭""黑玉"，就是指牙璋。但夏取代石峁成为华夏第一王朝，除治水带来的巨大声望外，也与夏人以礼仪秩序代替残酷征伐的统治政策有关。史载"禹合诸侯于涂山，执玉帛者万国"（《左传·哀公七年》），万国首领以手持玉璋的形式向夏禹表示臣服，俨然一副礼乐升平的景象，其具体仪节还可通过三星堆出土青铜持璋人像作一推测（见图 2 左）。这种持玉向君王表示臣服的礼仪，是夏、商、周、秦——不妨也加上秦以后的封建王朝（用手持笏板的形式朝拜君王）——"君权神授"观念最为直观的体现。频繁见诸殷周铜器铭文中的"扬"字（见图 2 右），正是一人下跪手持玉器上举之形。以"有夏"自称的周人，在册命礼中将此种仪节发挥至极致，"对扬""返入瑾璋"等带有神权认同意味的词汇，是对孔子"殷因于夏礼，周因于殷礼"最生动的诠释。[3]

　　夏中期以降，随着东方浅色系玉礼器向中原的汇集，以及北方游牧民族与中原王朝圣物交换的常态化，以和田玉为代表的白玉开始取代玄玉而成为统治者最青睐的玉料。青铜器的兴起也在

[1]　从"玉文化"视角对此问题最深入的讨论，见邓淑苹：《万邦玉帛——夏王朝的文化底蕴》，中国社会科学院考古研究所编：《夏商都邑与文化："纪念二里头遗址发现 55 周年学术研讨会"论文集》，中国社会科学出版社，2014 年，第 146–248 页。

[2]　邓聪：《牙璋与初期中国世界秩序的雏形》，见邓聪：《旴古衡今：郑德坤教授百十诞辰纪念》，香港中文大学中国考古艺术研究中心，1997 年，第 30–33 页。

[3]　柴克东：《文学人类学视域下的西周金文研究》，博士学位论文，上海交通大学，2020 年，第 146 页。又根据林沄先生的研究，"对扬"的"扬"字，在古音中读为"钺"，"扬"乃"钺"之音转，"扬"最后又转为"王"，这是"钺"为"王"之原型的语言学证据，详见林沄：《说"王"》，《考古》，1965 年第 6 期。金文"对扬"就是手持玉礼器向王表示臣服，其手持之玉的原型，即为玉钺。

◎图2　左图为青铜持璋人像，现存于三星堆博物馆；右图为金文"扬"字

一定程度上削弱了玉礼器的崇高地位，于是自庙底沟时期开启的"玄玉时代"，在延续了两千年之后终于退出历史舞台。但由玄玉崇拜所衍生的黑色为尊信仰，自夏延续至秦，两千年来未曾中断过。

《礼记·檀弓》曰："夏后氏尚黑，大事敛用昏，戎事乘骊，牲用玄。"《说文解字》称："骊，马深黑色"。可见在战国时人的观念中，还留存着夏人在战争和祭祀两大国事中崇尚黑色的历史记忆。

起源于东方的商人虽然在祭祀系统中表现出明显的"尚白"传统，[1] 但在甲骨文中，用黑色之牲向祖先神灵献祭也时有发生，如《合》1142："叀（惠）黑牛（侑）于（上甲）七牡？"《花》6："甲辰夕，岁祖乙黑牡一，叀（惠）子祝若？祖乙永用昱昏。"《花》67："乙亥夕，岁祖乙黑牡一，子祝。"[2] 值得注意的是，《合》33276中还有用三头"玄牛"向某位神灵祈祷丰收之事。"黑""玄"的区分，说明至晚在殷商时期，"黑"已经从内涵更为丰富的具有物质与观念二象性的"玄"的概念中分离出来，成为专门表示玄之黑色一义的词汇；而"玄"字的神秘、神圣意蕴仍然保留，如商人称自己的始祖为"玄鸟"，就是明证。

又据《礼记·檀弓》，周人的服色、祭祀均"尚赤"，这在

[1]　汪涛：《"殷人尚白"问题论证》，《殷都学刊》，1995年第3期。

[2]　中国社会科学院考古研究所：《殷墟花园庄东地甲骨》，云南人民出版社，2003年，第6、67页。

西周金文中也有明证。但与赤相搭配的颜色，却以玄色为主。如册命礼常见的赏赐物中，有玄衣、玄衮衣、玄水、玄珥戈、玄市，这些"玄"字在使用语境上与"黑"明显有别，体现的是更为久远的圣物崇拜传统。也就是说，在西周册命礼上，周天子以赠予臣子"玄色"礼物的方式实现"天命"的分赐与传递，其直接源头就是庙底沟时期氏族首领之间互赠玄钺的夸富宴机制。

　　所谓"礼失求诸野"。服色尚黑的传统在经历了西周的瓦解和诸侯纷争的历史动荡之后，逐渐褪变为一种历史记忆而沉潜到诸子思想之中。稷下学宫的杰出代表邹衍，将五色与五行思想建构成带有政治反思意味的五德终始说，在战国末期的诸侯国之间得到广泛认同。秦始皇统一六国后，以水德为符瑞，服色以黑为尊，[1] 顾颉刚先生评价说这是一项"似因实创"的制度。[2] 但秦公簋（《集成》4315）铭文有"丕显朕皇且（祖）受天命，鼏（宓）宅禹责（迹），十又二公"之语，[3] 是秦景公追溯十二位先公安居于"禹迹"所布的西垂之地的情形，[4] 铭文中带有僭越意味的"受天命"，隐约透露出秦国自春秋中叶就产生了接续夏人的政治野心。从这一点来看，秦人尚黑未尝不是对夏人尚黑传统的直接因袭。

# 五、结语

　　观念的物质形式是一个社会必不可少的部分，它们体现社会的价值及理想。当仰韶先民将天的神秘性和崇高性赋予与之具有相同属性的玄玉时，"玉代表天"的神话信仰就开始成为仰韶社会普遍的价值理想。费孝通先生曾用"玉魂国魄"四字来概括中

[1] 《史记·秦始皇本纪》曰："始皇推终五德之传，以为周得火德，秦代周德，从所不胜，方今水德之始。改年始，朝贺皆自十月朔。衣服旄旌节旗皆上黑。"见司马迁：《史记》，中华书局，1959年，第237页。
[2] 顾颉刚：《五德终始说下的政治和历史》，见顾颉刚：《顾颉刚古史论文集（卷2）》，中华书局，2011年，第271页
[3] 中国社会科学院考古研究所：《殷周金文集成》，中华书局，2007年，第2682页。
[4] 马承源：《商周青铜器铭文选》，文物出版社，1988年，第610页。

国文明发生的特色，然而对远古用玉的颜色，过去基本没有实证研究的条件。国人普遍信奉的是商周以来白玉为尊的价值观。仰韶文化黑色或墨绿色蛇纹石玉器的新发现，破天荒地为中原文化的五千年以上寻根带来了前所未有的珍贵物证。从仰韶文化玄钺到石峁、夏文化的牙璋，再到商周的玉圭，仰韶玉器不仅直接影响了古代中国神权认同机制的形成，其黑色或墨绿色外观以及强光照射下呈现的渐变嫩绿色特征，又催生了古人对"玄"的哲理体认和以黑为尊的颜色崇拜，直到秦王朝"服色尚黑"的治国理念中还能看到仰韶文化影响的余绪。

# 新文科的预流之作

## ——论《玄玉时代：五千年中国的新求证》的学术价值与文化意义

胡建升

最近，教育部提倡新文科，其特质在于整合融通各个学科的专业知识，打破现有学科之间的疆界壁垒，积极推动文科与理工医农等学科之间的交叉融合，实现旧文科知识的自我综合与更新换代，真正达到人文日新、浑然一体的更高境界。旧文科强调分科，新文科突出融合，两者所追求的目标是截然不同的。陈寅恪曾经用"预流"一词来揭示一个时代的学术新追求，其在《陈垣〈敦煌劫余录〉序》云："一时代之学术，必有其新材料与新问题。取用此材料，以研求问题，则为此时代学术之新潮流。治学之士，得预此潮流者，谓之预流。其未得预者，谓之不入流。此古今学术之通义。非彼闭门造车之徒，所能同喻者也。"[1] 所谓"预流"，指代善于运用时代所出现的"新材料"，来发现、研究和解决根据这种"新材料"所产生的"新问题"，开启并形成这个时代的学术"新潮流"。凡是能够开辟这种学术风气的学者，才能"预知""预料""预见"这种学术"新潮流"。可见，"预流"指代能够引领时代学术发展的"治学之士"，是一个时代学术风气的领跑者。

叶舒宪 2020 年推出的《玄玉时代：五千年中国的新求证》，利用考古出土的实物，探求五千年左右的中国是一个怎样存在状态的中国。考古出土的玉器实物是全新材料，研求的五千年左右中国状态问题也是全新问题，立足新材料来讨论此等新问题，《玄玉时代》讨论的是最古老的中国问题，却是一部能够开启时代学术新潮与新风的"预流"之作。在全国上下讨论新文科建设的特

---

[1] 陈寅恪：《金明馆丛稿二编》，生活·读书·新知三联书店，2001 年，第 266 页。

殊时期，《玄玉时代》以解决中华文明起源的实际问题为导向，强调跨学科研究的整体视野，重视多学科知识的现代整合，其新文科的时代价值与典范意义是不言而喻的，值得深入总结其创新方法与文化意义。

# 一、走出文献证史：
## 利用考古文物实证五千年中国

冯友兰在《〈古史辨〉第六册序》中概括了中国史学研究的三种情况，即信古、疑古与释古，其云："我曾说过，中国现在之史学界有三种趋势，即信古、疑古及释古。就中信古一派，与其说是一种趋势，毋宁说是一种抱残守缺的人的残余势力，大概不久就要消灭；即不消灭，对于中国将来的史学也是没有什么影响的。真正的史学家，对于史料，没有不加以审查而即直信其票面价值的。疑古一派的人，所做的工夫即是审查史料。释古一派的人所做的工作，即是将史料融会贯通，就整个的史学说，一个历史的完成，必须经过审查史料及融会贯通两阶段，而且必须到融会贯通的阶段，历史方能完成，但就一个历史家的工作说，他尽可做此两阶段中之任何阶段，或任何阶段中之任何部分。任何一种的学问，对于一个人，都是太大了。一个人只能做任何事的一部分。分工合作在任何事都须如此。由此观点看，无论疑古、释古，都是中国史学所需要的，这期间无所谓孰轻孰重。"[1]信古、疑古与释古的"古"，指代古书中所记载的历史。信古者完全相信古书中的历史记载，对之不展开任何的"审查"，冯友兰对这种盲目信从古人书本的做法是持批评态度的。疑古者提倡要严格"审查史料"，展开古书辨伪。释古者既要审查史料，也提倡融会贯通。可见，冯友兰是反对盲目信古，提倡疑古与释古的。毫无疑问，信古派过分相信古人的书本文献叙事，这是不可取的。

---

[1] 冯友兰：《三松堂学术文集》，北京大学出版社，1984年，第410页。

疑古派从文献文本出发，用文献来论证文献中存在的真伪问题，展开古书辨伪，得出东周以前无信史的结论，这也实在有点太过了。释古派提倡整合文献知识，综合考察古书中的历史记载，但终究还是没有跳出传统文献证史的学术藩篱。

鉴于中国史学的文献证史传统，李学勤曾经提出要"走出疑古时代"。他倡导王国维的二重证据法，强调将出土文献与传世文献结合起来，重新认知古史。李学勤在《谈"信古、疑古、释古"》一文中云："我曾经说过，'疑古思潮是对古书的一次大反思，今天我们应该摆脱疑古的若干局限，对古书进行第二次大反思'。这就是我大胆提出'走出疑古时代'的原因。"[1]李学勤充分认识到，疑古思潮的"若干局限"，积极推动对古书的"第二次大反思"。他认为，不仅要在传世文献中审查史料，而且还要善于运用出土文献，来综合考辨古史的真实情况。可见，"走出疑古时代"具有一定的学术进步意义。

综合考察中国古史研究的诸多学术流派，无论是信古、疑古与释古，还是从"疑古时代"到"走出疑古时代"，中国古史研究传统还始终没有摆脱文字书写小传统，因为无论是传世文献，还是出土文献，都属于文字书写的小传统文化。而传统古史研究的学者们都擅长在历史时期的各种文献文本（包括传世文献与出土文献）之中来讨论古史，他们或完全相信古史，或怀疑古书，或重释传统，或综合出土文献与传世文献来辨析古史传统，这些做法都存在或大或小的局限，难免存在将中国学术的眼光拘囿在文字书写的文本之中的诸多问题。走出文献证史传统，势在必行。

百年考古为重新认知中国古史传统提供了更多的新材料，也提出了五千年中国的新问题。在考古出土的遗迹与遗物中，除了考古出土的文献文本之外，还有大量的诸如玉器、骨器、青铜器、漆器等诸多材质的物质图像，这些新材料为我们重新认知华夏文

---

[1]　李学勤：《谈"信古、疑古、释古"》，《原道》第 1 辑，第 310 页。

明起源与文化精神提供了全新的可能性。

　　《玄玉时代》不同于先前的学术传统，就在于它要用新材料，即考古出土的文物，来论证新问题，即实证五千年中国的问题。第一，在文字书写传统中，甲骨文、金文的叙事根本达不到五千年中国，后世文献中关于三皇五帝的文字记录，也已经被疑古派进行了彻底的清查与辨伪，所以利用出土文献与传世文献的相关材料，都不足以彻底提出五千年中国的问题，更何况完成这个问题的回答。第二，《玄玉时代》之所以不在神话传说的故事中去寻找五千年中国，是因为中国学术必须在传承中创新，在继承中发展，才能开创新的局面。《玄玉时代》沿着疑古派的古书审查，继续往前走，认同不能完全拘囿于神话传说中来讨论五千年中国。同时，又充分利用考古出土的新材料，不断发展疑古派与释古派，不仅由单一的传世文献证据（第一重证据）走向出土文献证据（第二重证据），甚至走向了更加广阔的活态证据（第三重证据），以及文化文本证据（第四重证据）。第三，《玄玉时代》扬弃文字小传统，彰显文化大传统的文化基因与历史记忆，提倡立足出土实物，来实证五千年中国问题。在研究方法上，此书能够彻底不依据文献记录来讨论中国文明起源，而是重在依据考古出土的实物来实证五千年中国，提倡综合运用四重证据法，充分利用诸多证据之间的证据间性，来讨论古史传统问题。

　　走出文献证史的狭隘视野，深入发掘考古出土的实物，运用文化文本来实证华夏文明五千年。这既不同于信古、疑古与释古的传世文献学术传统，又积极拓展了"走出疑古一派"的学术视野，大力提倡以文化文本作为讲述五千年中国历史的核心证据，适当辅以人类学、民族志、神话学、考古学等诸多学科的整体知识，互证互补，综合释古，开启了认知五千年中国融会贯通的学术新范式。

## 二、玉文化物质研究：
## 玉料辨识与西玉东输的换代问题

近十年来，叶舒宪先后完成了"玉学三部曲"的原创性研究工作。《中华文明探源的神话学研究》（社会科学文献出版社，2015 年）重在探究催生中华文明的玉石神话信仰，诠释从玉器时代到青铜时代的文化传承关系。《玉石神话信仰与华夏精神》（复旦大学出版社，2020 年）详细解读了大传统时期玉礼器的符号系统，强调玉石神话信仰的文化驱动作用，发掘出华夏精神的文化之根。这两部玉学著作重点探讨了大传统时期的玉石神话信仰与华夏文化精神，属于中华玉文化的精神性研究。《玄玉时代》在玉石神话信仰的基础上，进一步将研究眼光投向考古出土玉器的物质材料，结合矿物学、材料学、物理学、地质学、地理学、考古学、水文学等诸多学科的全新知识，对史前中原玉礼器的玉料使用情况展开条分缕析，重视探究玉礼器系统的玉料来源问题，属于史前玉文化的物质文化研究。"玉学三部曲"是中华玉石文化的集大成之作，从玉石神话信仰、华夏精神与物质材料三个层面对史前及三代玉礼器展开全面研究，极大地推动了中华玉文化与华夏文明起源的学术探索。

研究史前玉礼器与玉石文化，玉料问题是不可回避的。使用玉料的辨析成为玉文化研究极为重要的一环。叶舒宪曾多次强调，研究史前玉礼器，坐在书斋里做研究，连玉器的玉料都区别不了，这种研究太玄虚了。可见，研究史前的玉礼器传统，关注玉料使用，是极为重要的。玉礼器的使用玉料问题涉及不同的历史时期，以及不同的地理空间，其中的问题极为复杂。如果玉料的使用存在极大不同，那么也意味着中原玉文化在不同历史时期存在着可能的升级换代问题。

按照玉料的来源，可以区分为本地玉料与外来玉料。按照玉料的成分，又可以区分为蛇纹石玉料（假玉）和透闪石玉料（真玉）。在仰韶文化的早期与中期，考古方面只出土了各种绿松石的器具，而玉器是凤毛麟角的，这也说明此时玉文化还没有进入中原。到了仰韶文化庙底沟时期，考古出土了一些玉器，而对于没有玉矿来源的中原地区来说，这些玉器的玉料从何而来，这就成为《玄玉时代》根据庙底沟时期出土的玉器，提出来的新问题，即中原玉礼器的玉料来源问题。首先，作者通过自己的眼力测试和玉器鉴定认为，中原庙底沟文化时期出土玉器的玉料都是墨绿色的蛇纹石玉。其次，作者长期展开实地的田野调研，发现在距今5500年至5000年的时段中，关中、中原一带出土了一系列的墨玉玉斧玉钺。最后，通过长期对史前玉文化的精神研究，作者还敏锐地发现，发源于东方的玉文化在这个特定时段开始向西传播，来到了中原地区，这就是本书所提出来的东玉西传的文化现象。

正是有了这些玉石文化现象的发现与总结，作者在《玄玉时代》中所深入探究的问题是很清晰的，即中原地区没有玉矿来源，那么，中原最早的玉礼器是从何方获取玉料，玉料来源问题成为本书探究五千年中国的重要视角，这样，也就形成了玉文化的东玉西传与玉料的西玉东输之间的互动关系。

文学人类学研究团队通过十几次的玉石文化田野考察，长期展开拉网式的实地调研，在中原玉礼器的玉料来源方面形成了一套西玉东输的文化传播体系。第一，作者总结出，西玉东输的传播路线是曲线水道途径，而不是直线陆路渠道。《玄玉时代》梳理出史前墨绿蛇纹石玉的出土情况，具体可以分为渭河区域、泾河区域、黄河区域与汾河区域，对中原、关中、陇东、陇西、陕北的史前墨玉礼器展开了全面细致的文化普查，梳理出西部玉料的水道传输系统，为解释中原玉礼器的发生发展，提供了文化依据与全新思维。第二，作者按照时间的先后顺序，整理出中原玄玉礼器发展的几个关键点。第一个关键点在中原灵宝的西坡遗址，第二个关键点在关中渭河与泾河交界之处的杨官寨遗址，第三个关键点在陇东的常山下层文化，第四个关键点在榆林石峁古城与延安芦山峁遗址，第五个关键点在山西襄汾陶氏遗址和芮城清凉

寺遗址，第六个关键点在陕西商洛地区的东龙山遗址。通过铺排、
展示和分析这几个关键考古遗址中所出土的玉器玉料问题，不断
升华对中原地区史前期（5500年前至4000年前之间）玉料东输
问题的思考，由此而展开详细的学术拷问和深入的问题辨析，为
探究中原玉料来源的传播问题，提供了坚实的物质证据。第三，
作者还根据田野调研的实际情况，指出中原玉礼器的玉料使用存
在一个长期的更新换代过程。作者将这个过程分为四个阶段。第
一时段，始于5500年前至5300年前，武山蛇纹石玉东输。第
二时段，始于4100年前至3500年前，马衔山透闪石玉东输。
第三时段，始于4000年前至3300年前，三危山透闪石和马鬃
山透闪石玉东输。第四时段，始于3900年前至3300年前，新
疆和田玉东输中原。[1] 由此总结出，中原玉礼器最初是使用当地
的玉料，即武山鸳鸯山的蛇纹石玉，在后来长达2000余年间，
不断进行更新换代，由墨绿色的蛇纹石玉，开始接纳浅色的透闪
石玉，先后包括马衔山、三危山、马鬃山与昆仑山的透闪石玉。
中原玉礼器的玉料来源由陇东向陇西拓展，最终又由陇西拓展到
了西部的昆仑山和田玉料。

## 三、玉器时代再聚焦：
## 中原玉礼器从史前到夏商时期的动态演化

近些年来，考古出土的实物不断刷新中国玉文化史的历史
时间。傅仁义、周晓晶在《小孤山遗址玉制品及东北地区玉器起
源问题的思考》一文报道了位于辽宁省海城市东南部的孤山镇青
云山脚下小孤山遗址，这个遗址出土了近2万年前的玉石片与玉
质双刃尖状器。[2] 这是国内迄今为止年代最早的考古出土玉器。
2009年8月3日《燕赵都市报》登载的《磁山遗址发现万年前

---

[1]　叶舒宪：《玄玉时代：五千年中国的新求证》，上海人民出版社，2020年，第218页。

[2]　傅仁义、周晓晶：《小孤山遗址玉制品及东北地区玉器起源问题的思考》，《中国文物报》，2010年12月24日，第7版。

古玉石：改写中国玉文化史》一文报道，磁山遗址发现一块古玉石，近期中国科学院的专家在对这块玉石取样分析后，认定这块古玉的年龄在 10300 年。这是国内最早的具有准确测年的考古出土玉器。另外，吉林省白城双塔遗址新石器时代遗存出土了双塔一期文化（距今 10000—9150 年）的玉石环 1 件。[1] 黑龙江省饶河县小南山遗址 2015 年Ⅲ区出土了一批小南山文化（距今 9200—8200 年）玉器，包括玉管 3 件，玉璧 5 件，玉珠 2 件，玉斧 1 件，玉料 1 件，玉质为透闪石玉与蛇纹石玉，共 12 件玉器。[2] 简要梳理近年来考古出土玉器的情况，可以初步勾勒出一个具有万年玉器历史传统的文化中国。此后，经历西辽河流域的兴隆洼文化、红山文化，长江下游的马家浜文化、崧泽文化和良渚文化，以及黄河下游的大汶口文化、龙山文化，史前玉器文化呈现出一个满天星斗的繁荣景象。

学术界通常将旧石器时代到青铜时代之间的文化时段称为玉器时代。这个玉器时代的发生时间大约在 1 万年前至 4000 年前，时间跨度长达 6000 年之久，比较宽泛。学术研究如何细化这个具有 6000 余年的玉器时代，这需要再聚焦。而《玄玉时代》在玉器时代的基础上，充分利用现有的考古出土文物，提出中原玉器出现了一个玄玉时代，其时间年限在 5500 年前至 4000 年前，延续时间跨度为 1500 年左右。这个时间段正是五千年中国最为关键的时间节点，也是夏商周国家成形之前的五千年中国最重要的时间段，而且在史书书写记录中，这个时段的历史叙事都是以神话传说的方式存在，成为学术界争议最多的史前历史阶段。

作者根据田野调研的玄玉材料，将玄玉时代分为三个连贯一体的历史发展阶段。

---

[1]　吉林大学边疆考古研究中心、吉林省文物考古研究所：《吉林白城双塔遗址新石器时代遗存》，《考古学报》，2013 年第 4 期。

[2]　黑龙江省文物考古研究所、饶河县文物管理所：《黑龙江饶河县小南山遗址 2015 年Ⅲ区发掘简报》，《考古》，2019 年第 8 期。

第一阶段，大约距今 5500 年前至 5000 年前，这是中原玄玉时代的开始阶段。仰韶文化是中原史前重要的文化类型，距今7000 年前到 5000 年前。但是在庙底沟文化（距今 6000 年至4300 年）发现之前，仰韶文化只出土了一些零星的绿松石器具，很少有玉器出土。河南省灵宝市西坡墓地遗址出土了 14 件玉器，其中 13 件是深色的蛇纹石玉，1 件为浅色的方解石玉，彻底颠覆了学术界认为仰韶文化没有玉器出土的常识观念。作者认为，在中原地区的玄玉时代发生期，玉礼器主要使用墨绿色的蛇纹石玉料，都是地方玉料。

第二阶段，大约距今 5000 年前至 4000 年前，这是中原玄玉时代的新变期。中原文化由仰韶文化进入龙山文化，玉器的玉料使用情况也发生了相应变化。从仰韶文化的庙底沟类型到常山下层文化，基本上是以墨绿色的蛇纹石玉料为主。但是到了龙山文化的清凉寺墓地、陶寺文化、石峁古城、芦山峁遗址与齐家文化，玉器的玉料使用出现很大变化，玉料逐渐丰富起来，具体表现为：浅色的透闪石玉料逐渐增加，同时，开始出现取代深色的蛇纹石玉料的新趋势。在中原玄玉时代的发展期，玉器的玉料使用还处于深色玉料与浅色玉料、蛇纹石玉料与透闪石玉料并存的状态，与此同时，从陇西输入的浅色透闪石玉料逐渐盛行起来，而原来陇东本土的深色蛇纹石玉料开始处于相对的文化劣势状态。

第三阶段，大约距今 4000 年之后，中原的玄玉时代进入终结期。如二里头文化出土的玉器中开始出现了大件的优质透闪石玉料，甚至出现了高等级的毫无瑕疵的透闪石白玉，这意味着新疆和田玉开始东输进入中原，成为中原玉礼器的主流玉料。由此可见，随着优质浅色的透闪石玉料的闪亮登场，中原地区延绵了近 1500 年的玄玉时代开始进入终结时期。

《玄玉时代》采用动态历史发展的观点，来审视五千年中国，我们能够感受到，在长达 1500 余年的历史时间中，中原玉礼器的用玉情况存在一个动态的发展变化。作者利用考古出土的实物，具体呈现这种玉礼器使用玉料的发展变化，让人真实感受到了中原玉文化与关中、陇东、陇西、新疆玉料之间的互动关系。在这种动态的时空变化中，我们也真实感受到了五千年中国的疆域版图变化，玄玉时代也基本上奠定了后来国家一统时期的西部疆域界限。

## 四、结语：《玄玉时代》的新文科典范意义

《玄玉时代》不是一部坐在书斋中的考据之作。如果纯粹坐在书斋里，哪怕皓首穷经，也想象不出五千年中国到底是一个什么样子。

可以这么说，《玄玉时代》是一部行三万里路、访万家博物馆的大智慧结晶之作。第一，作者在长期的玉石文化田野调研中，结合考古出土的新材料，不断追问五千前中国的新问题，才形成了这样前无古人的集大成之作。第二，在田野调研的过程中，作者不断梳理和调整中原玉器的玉料来源问题，先后总结出玄玉时代的 1.0 版西玉东输（昆仑山玉料），2.0 版西玉东输（马鬃山与马衔山玉料），3.0 版西玉东输（武山鸳鸯山玉料），4.0 版西玉东输（敦煌三危山玉料），这种通过具体躬行所得到的真知总结极大地超出了任何时代的文献记录。第三，《玄玉时代》最大的文化特征就是跟着出土文物走，哪里出土了史前深色的蛇纹石玉，哪里可能就是玄玉时代的覆盖范围，这种新知识在书本上是绝对没有的，只有综合考古出土的玉器实物，只有对地方博物馆展开全面的实地普查，才能有这样巨大的学术收获，这也不是其他学者坐在书斋中所能臆想出来的。

走出书斋，走向中国大地，直面中国本土的出土实物素材，深思五千年中国的实际问题，《玄玉时代》作者用自己的具体行动，书写了中国本土版的文化实践与理论创新，也为新文科的未来建设提供了立足本土经验的学术典范。

# 文化大传统的玄玉神话

## ——论《玄玉时代：五千年中国的新求证》的学术创新

昃昊

文学人类学主张打破专业壁垒和学科障碍，突破文字中心主义的藩篱，提出了大小传统理论与四重证据法，主张实现方法、理论与田野三者之间的互动。在这样的新兴学科范式指引下，叶舒宪撰写"玉成中国三部曲"[1]，力图解决中国本土历史遗留的学术难题，即求证五千年的中国。而《玄玉时代》作为"三部曲"的收官之作，将目光聚焦到距今五千年前的中原和西部用玉情况，追本溯源，依据玉帛之路实地考察的最新成果，对"玉器时代"说进行全面的改造升级。

## 一、玄玉时代：从文字书写到史前实物

首先，作者根据出土文物的第四重证据，重新阐释"玄玉"。"玄玉"一词，古已有之，常见于《山海经》等神话传说的记载中。作者立足于大量考古出土的新材料，借助宝玉石鉴定知识与技术，为玄玉的"虚名"找到了"实物"："广义的玄玉指以黑色为主色调的深色玉石，包括蛇纹石玉和透闪石阳起石玉；狭义的玄玉特指墨色中透出变化之色的玉，即透闪石玉中的墨碧和墨翠之类。"[2]玄者变也，此类玉石随着光线变化会呈现色泽变化，与"玄"字玄妙、变化之意完美契合，也为老子所云"玄之又玄，

---

[1] 《中华文明探源的神话学研究》(2015)、《玉石神话信仰与华夏精神》(2019)和《玄玉时代：五千年中国的新求证》(2020)。

[2] 叶舒宪：《玄黄赤白——古玉色价值谱系的大传统底蕴》，《民族艺术》，2017年第3期。

众妙之门"[1] 提供了实物注解。于是，"玄玉"这一停留在文献中的神话意象，便落实到新发现的考古出土玉礼器上。书中运用大量作者田野调研所得的玄玉资料，读者可以生成一种有形状、有色泽的玄玉"所指"形象，而不再仅仅是一个无处考证的、类似于文字符号的"能指"概念。

其次，作者从时间和空间两个维度界定了"玄玉时代"。从时间线索上看，作者对玄玉的深度聚焦，深化和细化了对"中国史前玉器时代"的认识，也重塑了人们对玄玉玉料的认知："玄玉作为中国西部玉文化开端的材料，最早出现的迹象或在距今6500年之际；玄玉作为深色蛇纹石玉，作为规模性玉礼器批量生产的材料，出现在距今5500年至5300年之际，并且一直持续到距今4000年之际，在那以后才正式让位于浅色的透闪石玉，由此宣告玄玉时代的终结。"[2] 在此书之前，蛇纹石玉一直被当作次玉，在玉器市场以公斤或吨计价，甚至被有些地质专家评为"假玉"。作者援引大量实例证明，深色蛇纹石玉料是中原玉文化的滥觞，是当地原始先民走出石器时代后最早的信仰承载体，是中原文明国家发生期的圣物原型。无怪乎在古典文献中，"玄"字避讳改字为"元"，"玄玉"也被记为"元玉"。"元者，始也。"[3] 这样的命名与"玄玉"作为玉器时代之肇始的事实不谋而合。

从空间上来看，作者策划玉帛之路调研，由点到线，由线到面，变孤立为整体，沿着渭河、泾河和北洛河沿岸数十个县展开调研采样工作，并结合馆藏文物中同类的史前期蛇纹石玉钺、玉铲、玉凿和玉刀等，总计列举史前期玄玉标本189件。[4] 可见，蛇纹石玉几乎遍布黄河上游至中游的各个主要支流区域，尤其是渭河与泾河的各支流分布区域。由此可以判定，蛇纹石

[1] 朱谦之撰：《老子校释》，中华书局，1984年，第7页。
[2] 叶舒宪：《玄玉时代：五千年中国的新求证》，上海人民出版社，2020年，第59页。
[3] 许慎撰、段玉裁注：《说文解字注》，上海古籍出版社，1981年，第2页。
[4] 叶舒宪：《玄玉与黄帝——第十四次玉帛之路（北洛河道）考察简报》，《丝绸之路》，2018年第11期。

玉是仰韶文化后期到中原龙山文化时期最热门的主流玉器素材。因受资源限制影响，中原各地高等级社会领袖的标配礼器也都是由玄玉打造，彻底颠覆了以往"白玉独尊"的玉文化观念。在固有的地理疆界之外，中原地区与西部地区因玉石的物质资源紧密联系，形成一个早期蛇纹石玉料资源的共享社会空间。而作者通过对玄玉时代玉料的探源，更是大大扩展并具化了玉石神话的想象空间。

最后，《玄玉时代》不仅梳理了玄玉物质资源的明线，同时也指明了玉石精神信仰的隐线，双线交织，共同织就玉石神话观驱动的华夏文明发生脉络。作者统揽全局，认识到玉文化在中原以东，中原以北和以南先行发展，[1] 而中原及西部地区因为玉料供应限制的资源瓶颈，导致一个持续千年的玄玉时代。这说明资源依赖与深层信仰是相辅相成的，互相支配影响的。玄玉作为具有纽带意义的物质实体，串联起西玉东输史的基本脉络，作者由此建构出中国境内玉石之路的5000年时空定位模型。《玄玉时代》一书使中国史前玉器文化的时代划分与地理版图从粗略模糊，逐渐变得年代清晰、分层明确，中华早期玉文化也从一段静置的、已经消亡的历史，变成了活态的、延续至今的文明。

总之，《玄玉时代》突破了原有考古学和历史地理学范畴的局限，从思想史、宗教学、神话学方面，探究、考证中华文明起源，"从文化总体上把握驱动与文化发生、发展和全国大传播的内在精神动力要素"。[2] 作者并非仅将眼光局限于"实物"，而是将考古发现的"物"视为象征符号，旨在揭开"物"背后的观念叙事，并使用多重证据将其"物"激活，发挥其阐释与解码能力，对意指不明的文献记载进行补正与重述。《玄玉时代》对玄玉的重新发现，具有"考证五千年的中国"的探源意义，还能在更广阔的文化视域发出有力的回响。

---

[1]　分别以山东大汶口文化、西辽河流域的红山文化和长江流域的崧泽文化、凌家滩文化、良渚文化为代表。

[2]　叶舒宪：《玉石之路踏查续记》，上海科学技术文献出版社，2017年，第3页。

## 二、玉色价值：尚玄玉石神话大传统

黑格尔在《精神现象学》中写道："一般说来，有一种最习以为常的自欺欺人的事情，就是在认识的时候先假定某种东西是已经熟知了的，因而就这样地不去管它了。这样的知识，既不知道它是怎样来的，都不能离开原地而前进一步。"[1] 人们习惯于以现今的思维，去理解原始先民的思想，以当代玉器市场的价值高低，来判定不同玉色的地位，于是先入为主地设定了玉色谱系中以白玉为上的价值观念。2008 年北京奥运会的金镶玉奖牌，按照金、银、铜的次序，分别以白玉、青玉、墨玉为主体，足以见得今人对玉色价值的考量。这种只知经济价值，而忽视背后深层的文明价值、信仰价值的观念，无疑是本末倒置的。人们只看到了来自西部的优质透闪石玉料在各种地方性玉料中独占鳌头，只知道"天子配白玉"——将白玉视为寄寓华夏王权与君子之德的最佳物质载体，却不知道"白玉崇拜"是经历了怎样的观念革命才形成的，也不知道在"白璧无瑕"之前，曾经是"尚玄尚黑"的观念主宰着中原地区的信仰体系。

《玄玉时代》颠覆了人们既有对玉色价值谱系的衡量，让人们重新认知玉石神话信仰是一个动态变化的过程。由此，一个长久以来被小传统文化遮蔽、被"白玉独尊"观念禁锢的史前玄玉时代，终于浮出水面。这引导我们不断探究、反思，华夏玉石神话信仰经历了自玄玉时代走向青黄玉时代，最终走向白玉时代的演变过程，在不断原型置换与再编码后，以文化基因为存在形式，深蕴在中华文化传统之中。

放眼整个人类文明，玉石神话信仰并非中国独有，玉石"尚黑"的价值观念也可以在其他文化中找到实证。新石器时代初期，黑曜石——火山喷发的黑色半透明火山岩，其坚硬程度可以胜任

---

[1] 黑格尔：《精神现象学（上卷）》，商务印书馆，1979 年，第 20 页。

优等石器工具制作的原材料，因而于众多石器中脱颖而出。在被金属制品取代之前的石器时代，黑曜石被用作制造生产工具、武器、装饰物、珠宝以及镜子等实用物品的重要原料，以多种形态参与先民的日常生活，激发了人们对自然神力的想象，成为最先被赋予神圣意蕴的宝石。叶舒宪在《从玉教到佛教——本土信仰与外来信仰的置换研究之一》一文中，以卡托·胡玉克遗址发现的最早玉石黑曜石生产为例，探讨拉动黑曜石生产的信仰因素。[1]宝玉石神话信仰具有人类共通的文化共性，原初先民基于对自身身体的认知（如黑眼球、黑头发等）、对天空或其他自然物的观察（如黑夜、星空等），产生了对黑色（或者深色）的崇拜与想象，积淀为一种无意识的集体心理原型。

在人类文明初期，玉石信仰的多样性与资源的不均性，使玉石神话呈现跨文化与跨地域的特点。黑曜石不仅从"尚黑"的精神信仰层面为我们提供了国际性的玉石神话观照，它还作为第一种现代意义上的商品，贯穿着整个史前时代的贸易往来，体现着物质资源与精神信仰的双向驱动，西方的黑曜石之路无疑可以看作是本土玉石之路的跨文化互文对照。

在黑曜石崇拜的观念统摄下，西方生成了一系列有关黑曜石的神话。黑曜石一直被古印第安人视为"阿帕契之泪"，在中美洲的神话中，泰兹喀提波卡就拥有名曰"冒烟镜子"的神秘法宝，通过这面魔镜可以窥见窥伺人类和神祇的活动——这法宝就是占卜用的黑曜石水晶球；墨西哥民族祭司使用的法刀也是用黑曜石打造而成的；在古希腊，战神阿瑞斯通过赐予一块巨大的黑曜石来守护着特洛伊城，黑曜石上的"纹眼"，被想象为"天眼"，当特洛伊城遇到危险的时候，能量就会通过诺猫眼传递给战神阿瑞斯。那么在我国本土语境，是否也存在黑曜石神话的大传统，为玄玉时代奠定了尚黑的文化原型基础？

《山海经·大荒北经》云："东北海之外……大荒之中，有

[1]  叶舒宪、公维军：《从玉教到佛教——本土信仰与外来信仰的置换研究之一》，《民族艺术》，2015年第4期。

山名曰不咸，有肃慎氏之国。"[1] 据史家考证，不咸山为今之长白山。近年来，考古出土的新成就为这一神话文本提供了第四重证据。牡丹江流域镜泊湖畔的莺歌岭遗址，距今3000至4000年，出土了大量磨制石器和黑曜石制成的石镞（见图1）。莺歌岭文化遗址出土文物有石器、骨器、陶器等，这表明当时已经有肃慎人在此定居，并进入农业的"锄耕阶段"，[2] 可以视为古肃慎国黑曜石传统的文化遗存。

◎图1 新石器时代宁安市莺歌岭遗址出土 [3]

我国东北地区东部、长白山山脉地区发现了数量众多的旧石器遗址，其中以黑曜岩为主要原料的遗址有：和龙石人沟、[4] 珲春北山、[5] 和龙柳洞、[6] 抚松新屯子西山、[7] 和龙青头 [8] 等遗址（见图2）。研究者将长白山地发现的黑曜岩分为黑色黑曜岩和非黑色黑曜岩，其中黑色黑曜岩又可根据包含杂质的有无和多少分成

[1] 郝懿行撰、栾保群点校：《山海经笺疏》，中华书局，2019年，第364页。

[2] 张太湘、朱国忱、杨虎：《黑龙江宁安县莺歌岭遗址》，《考古》，1981年第6期。

[3] 采自黑龙江省博物馆官网。

[4] 陈全家、王春雪、方启等：《延边地区和龙石人沟发现的旧石器》，《人类学学报》，2006年第2期。

[5] 陈全家、张乐：《吉林延边珲春北山发现的旧石器》，《人类学学报》，2004年第2期。

[6] 陈全家、王春雪、方启：《吉林和龙柳洞2004年发现的旧石器》，《人类学学报》，2006第3期。

[7] 陈全家、赵海龙、王春雪：《抚松新屯子西山旧石器遗址试掘报告》，《人类学学报》，2009年第2期。

[8] 陈全家、方启、李霞等：《吉林和龙青头旧石器遗址的新发现及初步研究》，《考古与文物》，2008年第2期。

三类：无杂质黑曜岩、含少量长石小斑晶的黑曜岩、含少量长石大斑晶的黑曜岩。"以大洞遗址调查获得5735件黑曜岩石器为例，无杂质黑曜岩石器、小斑晶黑曜岩石器、大斑晶黑曜岩石器和非黑色的黑曜岩石器所占的比例分别是78.7%、15.7%、4.5%、0.8%，说明古人类对优质原料的选择。"[1] 如果假设各种质地的黑曜岩原料体积相同，那么越纯正无杂质的黑曜石，平均重量更轻，先民们需要打击的次数就越多，投入的时间更长，这表明，先民们对无杂质的黑曜岩有着特殊的青睐，因此愿意为之投入最多的时间。这样的行为模式背后，必定存在着"尚黑"的神话信仰观念。

《左传·昭公九年》记："肃慎、燕、亳，吾北土也。"[2] 在后世文献记载中，肃慎国有两大特征，其一为，"出赤玉"："挹娄，古肃慎之国也……有五谷、麻布，出赤玉、好貂。无君长，其邑落各有大人。处于山林之间，土气极寒，常为穴居，以深为贵，大家至接九梯。"[3] 其二为，制"石镞"："勿吉国在高句丽北，一曰靺鞨……自拂涅以东，矢皆石镞，即古肃慎氏也。"[4] 着眼于吉林省近年发现的旧石器时代后期的黑曜石开采和工具制造中心遗迹，以及东北地区红山文化遗址出土的玉箭镞等考古实物，我们可以探知，肃慎人的"石砮"最有可能的原始材料应该是黑曜石。肃慎族固有黑曜石打制武器的传统。在"以玉为兵"之前，或者说玉石神话信仰建立以前，黑曜石可能是原初先民制造的兼具神圣意味和实用功能的"礼兵器"。黑曜石在旧石器时代为先民们铺垫下悠久的"尚黑"传统以及器型创制模式，这一切都随着玄玉时代的到来，被进一步发扬光大。

古肃慎人在对黑曜石的信仰基础上，开采出玄玉物质新材料，于是在原有的精神信仰传播、渗透、驱动下，实现了器质更新。从形态上来说，黑曜石为非晶质体，透明至不透明，常见表面粗

[1]　李有骞、陈全家：《长白山地黑曜岩旧石器的技术模式研究》，《东北史地》，2014年第5期。
[2]　左丘明传、杜预注、孔颖达正义：《春秋左传正义》，北京大学出版社，2000年，第1854页。
[3]　范晔撰、李贤等注：《后汉书》，中华书局，1965年，第2813页。
[4]　李延寿：《北史》，汉语大词典出版社，2004年，第86页。

糙的球状集合体，晶体中常见压扁拉长的气泡内含物，又是这些细小的内含物会造成弧面形宝石的晕彩效应。[1] 从图 2 中也可以看出，黑曜石与玄玉可以透光变色的物质属性极为相似，而这种相似的共性，正是实现玄玉物质替换与信仰渗透发生的基础。叶舒宪总结，驱动玉礼器生产繁荣现象需要玉料供给与玉石神话观念的双轮驱动，二者缺一不可。因此，局囿于玉料的资源紧俏，玄玉成为黑曜石的"进化替代"，黑曜石也可以作为玄玉"退而求其次"的"置换替代"。

◎图 2 黑曜石器，吉林和龙大洞遗址出土[2]

经黑曜岩微量元素分析，长白山地的绝大部分黑曜岩石器源自天池火山。因此，目前发现的黑曜岩原料产地也仅限于长白山天池火山附近。[3] 但是黑曜岩是在自然界中的分布却不仅仅局限于天池火山附近，它是"异地埋藏"的。因为当天池火山喷发，黑曜岩凝固在其周围后，随着流水作用沿河床向下游滚动，形成黑曜岩的"异地埋藏"。这与《玄玉时代》中所论述的，以黄河、渭河连线和泾河、渭河、洛河为纽带的流域恰是玄玉分布地区的

[1] 沈雄、沈力力编著：《彩色宝石与矿物集萃》，上海科学技术出版社，第 145 页。

[2] 万晨晨、陈全家、方启等：《吉林和龙大洞遗址的调查与研究》，《考古学报》，2017 年第 1 期。

[3] 程新民、陈全家、赵海龙等：《吉林省东部旧石器时代人地关系初探》，见教育部人文社会科学重点研究基

事实相映照。叶舒宪认为，黄河作为华夏文明的摇篮，不仅是灌溉农业的水源，还是西部于是资源调配漕运的交通线。发源于天池附近的河流同样承担了搬运黑曜岩的能力，如图们江、五道白河、二道白河、松江河和头道松花江等。但也决定了黑曜石资源仅能以天池为圆心，黑曜石文化也只能辐射在东北区域，成为旧石器时代的一种地区文化特色，并不具有统一中国的扩散能力。因此，黑曜石无法像玉石一样形成文化共同体，这也是玄玉最终取代黑曜石的重要原因。

如果说，玉器的存在实际充当着从石器过渡到金属器的中介阶段，那么玄玉便是旧石器时代与新石器时代的中介物，而黑曜石作为旧石器时代中玉石神话信仰的先声，为玄玉信仰提供了物质雏形。这是新老传统的叠加和共振，而不是以新还旧的全面取代。由此，新的玄玉崇拜叠加于原有的黑曜石崇拜之上，呈现出玉石神话的贯连性、持续性建构过程。

## 三、"玄黄"二元的神话结构

《玄玉时代》一书最为出彩，也是最具有颠覆性的部分，是对"玄黄"二元论的全新考辨论证，更重要的是，它将玄黄观念推到无文字时代，突出了其在史前时期的独特文化编码作业。作者早在《龙血玄黄——大传统新知识求解华夏文明的原型编码》《玄黄赤白——古玉色价值谱系的大传统底蕴》等一系列论文中就已讨论过相关的观点，在《玄玉时代》一书中更是以大量实物，立足本土，查漏补缺，凭借大传统的实物证据，发挥四重证据的物证效应，从根本上解决文献记载中积尘已久的玉色问题。

在小传统文化视野中，"玄黄"只是作为天和地两种颜色的文字组合存在。《易·坤》云："夫玄黄者，天地之杂也，天玄而地黄。"[1] 而叶舒宪在《玄玉时代》中，以大量考古出土的新材料为据，将"玄黄"的文化意涵重新阐释。以玄色等深色为代表的蛇纹石玉料，与以黄白色等浅色为主的透闪石玉料，成为寄托原初先民对精神与物质分化的第一重神圣想象，在此基础上衍生出"玄黄"多级文化编码，这条深藏于文字记载中的内在逻辑线索，早已渗入中华文化的肌理，为后世创作提供了无限的神话幻想空间与源源不断的精神动力。

作为"玄黄"的一级编码，玄黄二色玉石从物质层面昭彰了"二元"的意识分化。这表示曾经原初先民眼中的一团"混沌"，即原初生命力逐渐分化。《易传·系辞上传》云："易有太极，是生两仪，两仪生四象，四象生八卦。"孔颖达疏："太极谓天地未分之前，元气混而为一，即是太初、太一也。"[2] 由此，时空观念、性别意识等观念随着这种生命分化而自然生成，这种差序也正是人类由原始步入文明的必要因素。

从出土文字的二级编码来看，玄被记作一束丝的样子，丝在染色的时候扎成束，然后晾晒，晾晒时要悬挂起来。而"黄"字在甲骨文象佩璜形，上为系，下为垂穗，中间为双璜，呈并联状。"玄黄"在文字编码上的层面，将"玉帛为二精"的观念发挥到极致。

◎图3　玄字 [金文编]
[3] 黄字 [乙四五四九] [4]

而在第三级编码中，文献中的"玄黄"通过原型的置换变形，

[1]　王弼注、孔颖达疏：《周易正义》，北京大学出版社，2000 年，第 309 页。

[2]　王弼注、孔颖达疏：《周易正义》，北京大学出版社，2000 年，第 340 页。

[3]　古文字诂林编纂委员会：《古文字诂林（第四册）》，上海教育出版社，1999 年，第 325 页。

[4]　古文字诂林编纂委员会：《古文字诂林（第十册）》，上海教育出版社，1999 年，第 393 页。

生发出一系列叙事文本，构成华夏文明独有的二元色叙事原编码，叶舒宪在《龙血玄黄——大传统新知识求解华夏文明的原型编码》一文中总结出 12 项如下：

1.《周易》龙血玄黄神话

2.《玄女经》黄帝与玄女神话（原型置换：宋江与九天玄女）

3.《庄子》黄帝与玄珠神话

4.《素女经》黄帝与素女叙事（玄素置换）

5.《黄帝四经》黄帝与力黑叙事

6.《山海经·西山经》黄帝玄玉神话

7.《千字文》天地玄黄说

8.《道德经》尚玄说（玄而又玄）

9.《山海经》珥两色蛇的神话：青蛇与黄蛇

10.《左传》黄泉国想象

11.《诗经》玄鸟之谜

12. 从玄黄到炎黄的编码转换 [1]

可见，中华传统文化以"玄黄"为线索，构建出一脉相承、多元合一的华夏神话体系，为后世提供了博大精深的神话创意之源，足以激活当代新神话创作的丰富想象。然而反观当下我国神怪电影创作，却流于肤浅的改变和泛滥的炫技，内在的神话精神严重缺失，或是借古人皮道今人言，或是沦为纯粹的技术附庸。这无疑是截断了本土源远流长的神话脉络，对西方技术思维的简单嫁接，对文化资源的无效挪用。这样创作出的文化产品，仅是针对个别神话题材的一知半解，将其精神内涵转嫁为更符合当代观众喜闻乐见的情节，并不是真正的新神话主义，也注定没有成为经典长存的生命力。因此，要想让"新神话"实现真正的旧瓶装新酒，必须要深掘神话源泉，找到贯通古今的精神价值与文化基因，使外在的神话符号与内在的神话精神真正融为一体，互助共生。

---

[1]　叶舒宪：《龙血玄黄——大传统新知识求解华夏文明的原型编码》，《百色学院学报》，2018 年第 5 期。

在我们本土文化语境中，玉石不仅有多元的玉质、玉料、玉色，还串联起诸如"黄帝玄玉""禹赐玄圭"等神话历史，沟通了华夏地理空间的交际互动，足以谱写一部奇壮瑰丽的"玉石中国"。玉石神话信仰从"玄玉时代"深色调模式迈向"玄幻赤白"多色调模式，[1] 到后来的五石散、五色石补苍天，这些置换变形背后都是强大的神话信仰在支配驱动，而不仅仅是"以黑绿两色相间相杂为美的史前期古老审美风尚，转变到以纯色为美为尊的新风尚"。[2] 布迪厄以物质资本、文化资本、社会资本、符号资本来阐述不同的权力形式，玄玉曾作为一种物质资本沟通了我们的地理版图，进而升华为一种文化和社会资本，成为神圣权力的象征物，最后抽象为一种符号资本，编纂入"玄黄二元"的基因编码，成为求索五千年中国的新证。我们在对其溯源究根的同时，也要开拓新的文化视野空间，进行重新编码，赋予当代价值，才能使玄玉时代遗留的精神密码，在今天依旧熠熠生辉。

# 四、结语

马克思主义认为："全部社会生活在本质是实践的。"[3] 脱离了实践的理论是空洞的理论，脱离了理论的实践是盲目的实践。《玄玉时代：五千年中国的新求证》，便是这样一部理论与实践紧密联合的质实之作。作者直言："三部曲之三，完全依托前二部曲的探索经验，但《玄玉时代》的科研目标，是撰写前面两部曲时根本不曾想到的。从一、二到三的跨越，是由'芝麻开门'一般的学术认识灵感引导的，这种新认识来自考古发现的新材料与研究团队常年田野考察系列采样材料所发生的共振。"[4] 可见，

---

[1]　叶舒宪：《玄玉时代：五千年中国的新求证》，上海人民出版社，2020 年，第 141 页。

[2]　叶舒宪：《玄玉时代：五千年中国的新求证》，上海人民出版社，2020 年，第 238 页。

[3]　中共中央马克思恩格斯列宁斯大林著作编译局编译：《马克思恩格斯选集（第 1 卷）》，人民出版社，1995 年，第 56 页。

[4]　叶舒宪：《物证优先：四重证据法与"玉成中国三部曲"》，《国际比较文学》，2020 年第 3 期。

文学人类学的理论与方法是从实践中产生的，是接受过实践检验的，并且不断在实践中得到丰富和发展的。"理论家如果脱离了社会实践，只是从书本上来到书本上去，就会成为空洞的理论家。"[1] 文学人类学一派提倡并实践走出文献证史，《玄玉时代》指引我们，只有激活考古遗址和文物，才能让沉睡千年的意义与能量重新大放光彩。

[1] 习近平：《坚持实事求是的思想路线》，《学习时报》，2012 年 5 月 16 日。

仰韶文化蛇纹石玉钺，民间标本

甘泉县博物馆藏
墨绿玉瑗

安塞县博物馆藏三孔玉刀

安塞县博物馆藏三孔玉刀（局部）

尹家村采集的石钺：长 13.5 厘米、宽 8 厘米

尹家村采集的石钺：长 6.5 厘米、宽 4.2 厘米、孔径 0.7 厘米、厚 0.8 厘米。
方解石，通体透光，桯钻对钻成孔，正面有切割痕迹

延长县博物馆藏蛇纹石玉钺

尹家村采集的石钺：长 13 厘米、宽 38 厘米

尹家村采集的石锛：长 6 厘米、宽 4 厘米

天水市张家川县大阳镇圪垯川遗址出土仰韶文化玄玉权杖头
甘肃文物考古研究所供图

征集品 1 号：仰韶文化蛇纹石玉钺，2006 年摄于西安

征集品 2 号：仰韶文化蛇纹石玉钺，浓重的土沁色呈现斑斓泼墨状效果

征集品 3 号：仰韶文化墨绿色玉钺（残）

征集品 3 号在强光下的效果

征集品 9 号：仰韶文化蛇纹石玉钺，长 20 厘米、宽 10 厘米

征集品 9 号：背面

征集品 10 号：仰韶文化蛇纹石玉钺，长 19 厘米，2020 年摄于洛阳

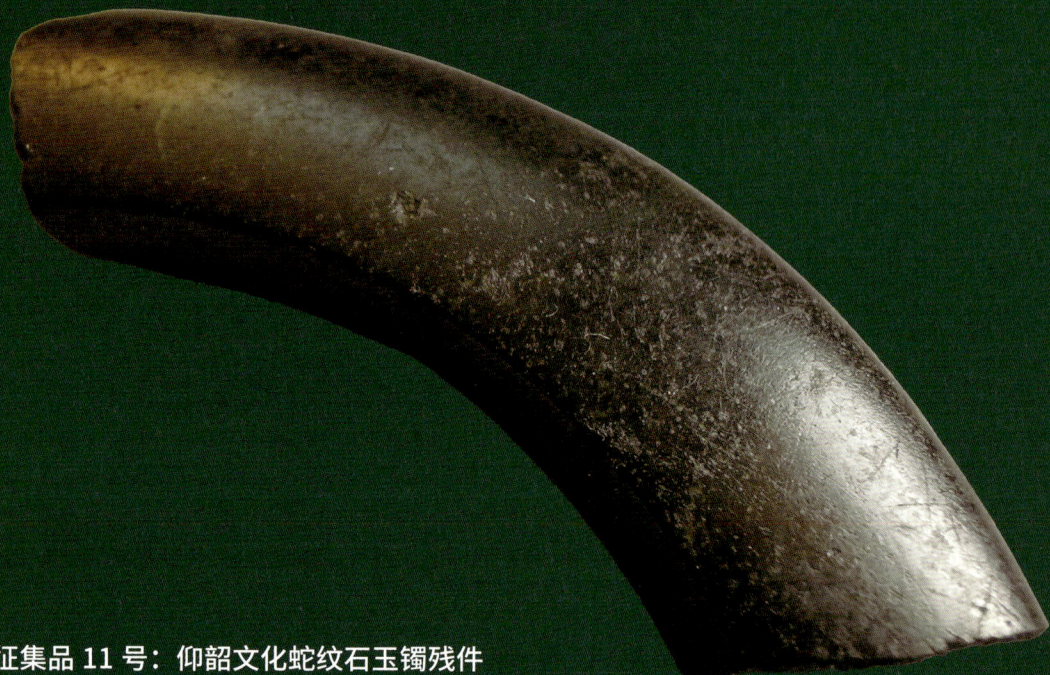

征集品 11 号：仰韶文化蛇纹石玉镯残件

征集品 13 号：仰韶文化蛇纹石玉钺，2020 年摄于西安

征集品 16 号：背面土碱皮壳

征集品 16 号：仰韶文化蛇纹石玉钺，
2021 年摄于西安

征集品 17 号：仰韶文化玉斧

征集品 19 号：齐家文化墨玉璜

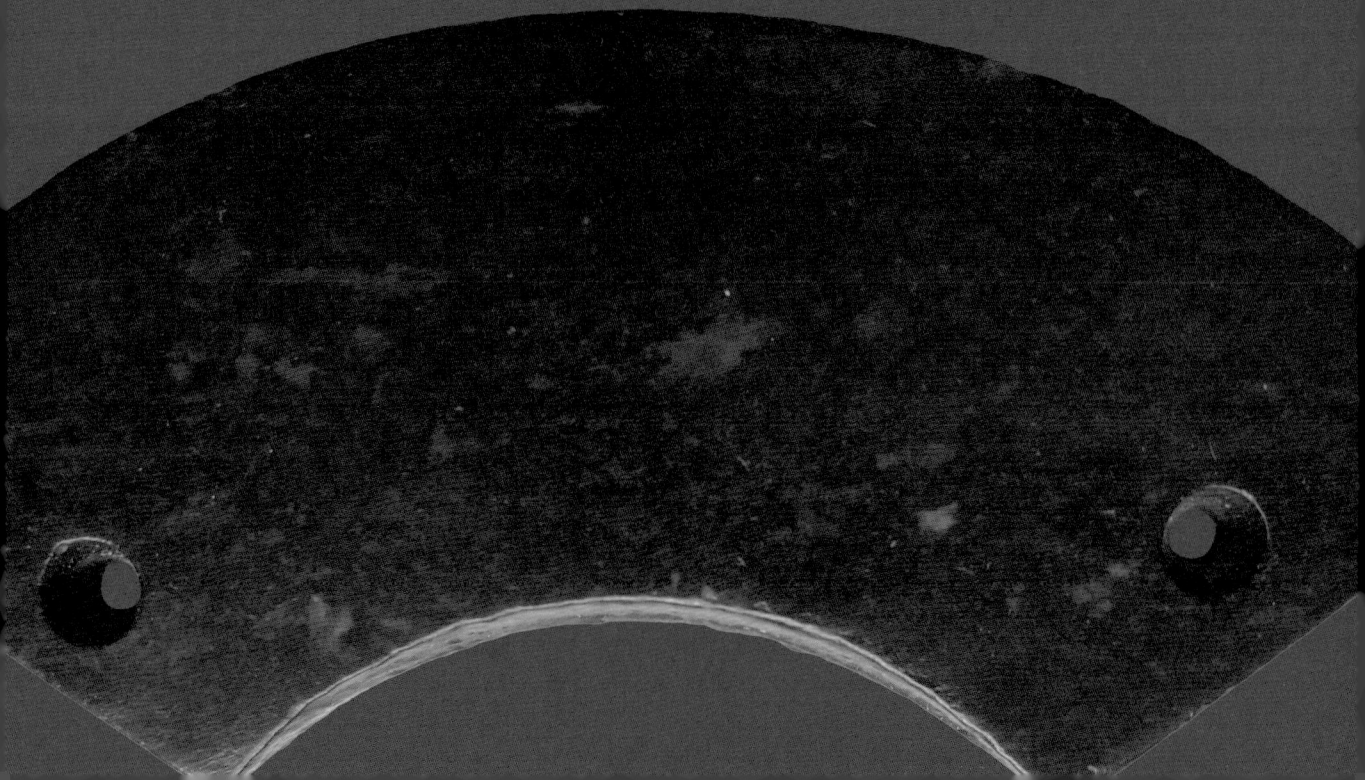

征集品 21 号：仰韶文化蛇纹石玉斧，2017 年摄于兰州

征集品 22 号：背面土碱皮壳

征集品 22 号：仰韶文化玉斧

富县出土仰韶文化蛇纹石钺，距今 5000 年，洛川政协文史馆员黄玉良供图

甘泉石斧

尹家村采集的石斧：长 13.5 厘米、宽 5 厘米

镇原县出土常山下层文化蛇纹石玉锛，摄于庆阳博物馆

仰韶文化蛇纹石玉钺，民间标本

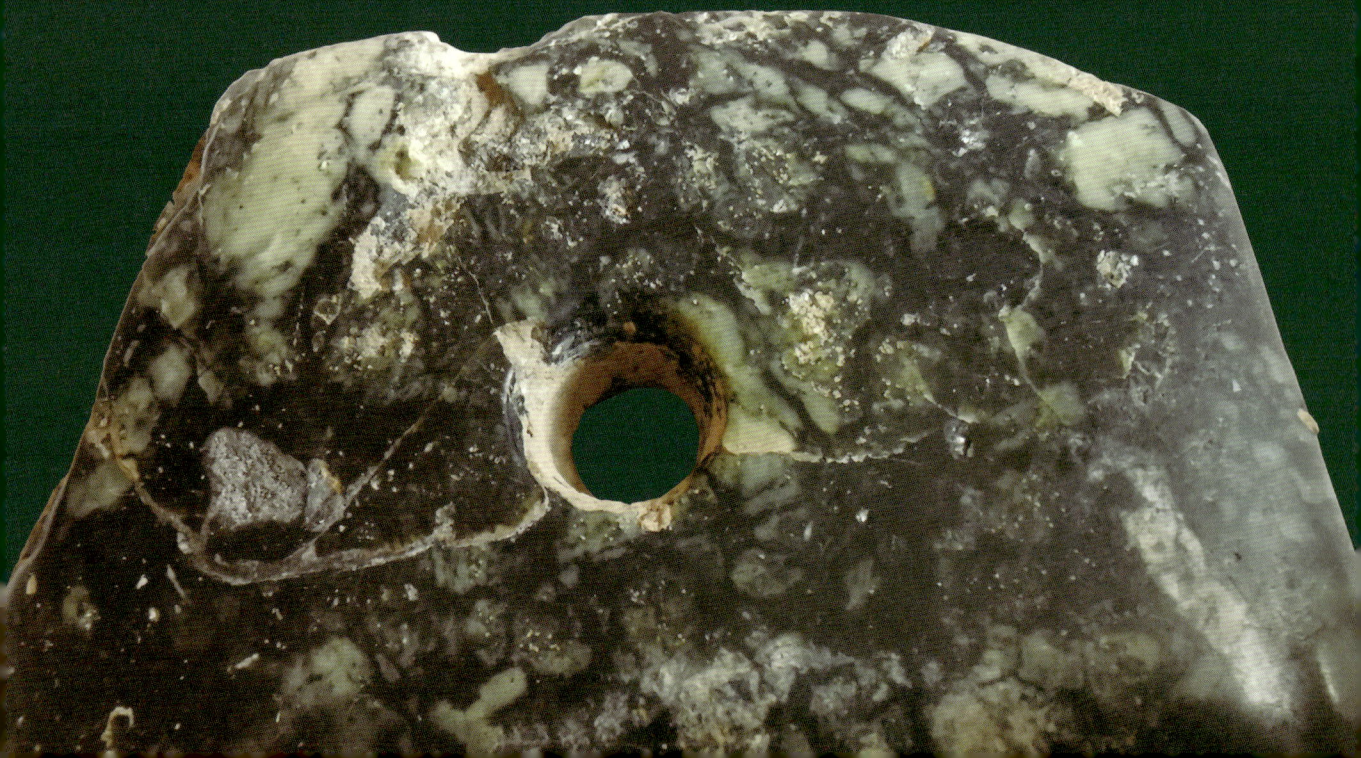

龙山文化蛇纹石玉钺，民间标本

仰韶文化蛇纹石玉钺，民间标本

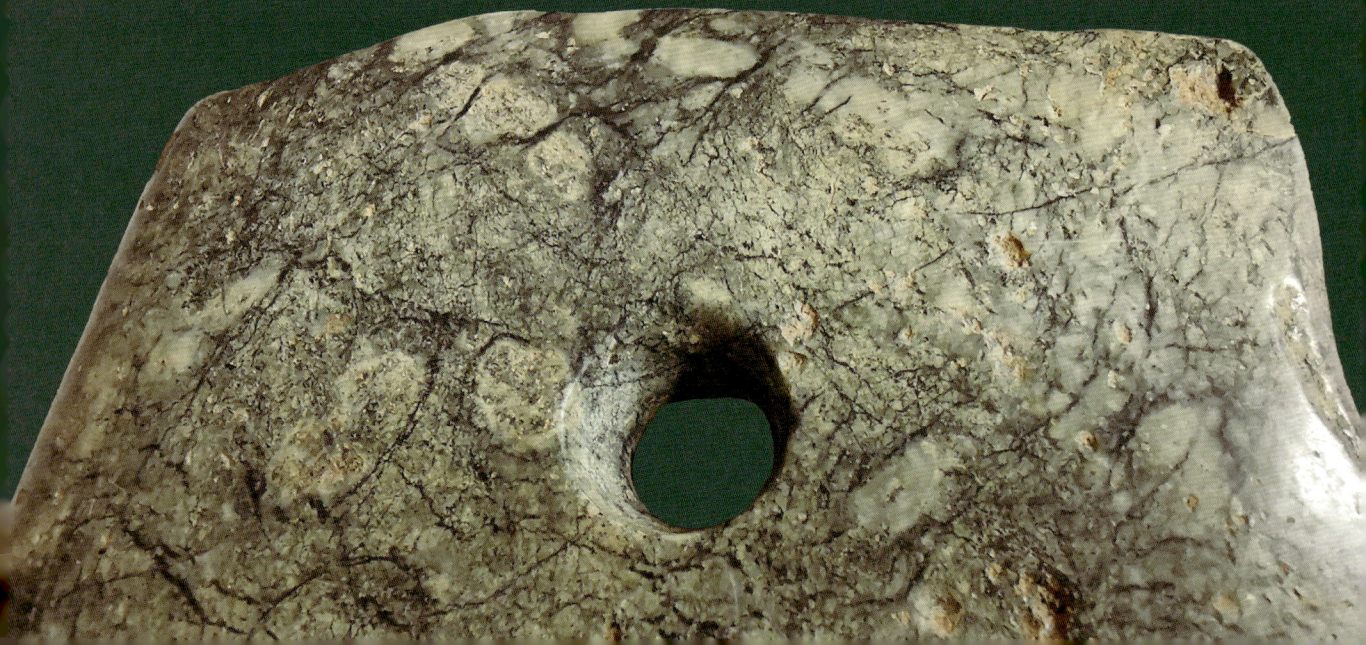

龙山文化透闪石玉钺，民间标本

2024 年新开馆的陕西历史博物馆秦汉馆

# 附录一

## 仰韶玉韵策展说明

叶舒宪

## 1. 前言

### 天地玄黄梦　中原玉祖根

玄玉，是《山海经》所记中华民族共祖黄帝播种的天下最优玉石，后世又称墨玉。由于先民信奉天玄地黄的二元色宇宙观，玄玉的神圣性蕴含得以彰显。

仰韶文化是我国新石器时代最重要的考古学文化，其时间从距今 7000 年到 5000 年，延续两千年之久；其空间分布在中原及周边地区，堪称孕育中华文明的母胎。

2021 年是仰韶文化发现一百周年。自仰韶文化发现百年来，一直没有规模性的玉礼器发现。有考古专家据此判断，中华文明起源有两种不同模式。21 世纪初，在以河南灵宝西坡和陕西高陵杨官寨为代表的仰韶文化庙底沟期遗址中，先后发现深色蛇纹石玉钺的批量生产和使用。这一发现揭开了中原玉文化发生的序幕，改写了中国玉文化的历史，对于认识文明国家起源具有重要意义。

咸阳尹家村新石器时代遗址位于渭河岸边，早在 1957 年被发现，出土的一批深色蛇纹石玉斧钺长期以来沉睡在博物院文物库房里。2021 年 2 月，上海市社会科学创新研究基地——上海交通大学神话学研究院专家团队在咸阳博物院协助下辨识出这一批珍贵文物。其中墨色、墨绿和绿色蛇纹石玉斧钺多达 15 件，超过灵宝西坡和杨官寨两地出土玉钺的总和。根据考古学对尹家村遗址时代的初步判断，这批玉石斧钺的制作年代可能接近仰韶文化半坡时期，可谓是半个多世纪以来"养在深闺人未识"的中原文化五千多年的瑰宝，是迄今所知玉礼器登场中原文明的第一线曙光。

尹家村蛇纹石玉斧钺的再发现，有助于丰富对"玄玉时代"的认识。尹家村遗址本身的再发现，对仰韶文化和咸阳地区史前文化研究而言，也具有重要意义。本次特展以尹家村出土的"玄玉"为主，辅之以该遗址的其他文物，包括陶器和石器等，尽可能地还原尹家村所代表的"玄玉时代"的历史风貌，推动尹家村遗址乃至整个仰韶文化研究的深入开展。

## 2. 结束语

上海市社会科学创新研究基地——上海交通大学神话学研究院成立于 2017 年，前身是文学人类学研究中心。研究特色为神话学与考古学的交叉互动，以及中国文化理论的创新性建构，先后提出四重证据法、文化大小传统论、玉文化先统一中国论和万年中国论等。共组织"玉帛之路"文化考察 15 次，覆盖中国西部 7 省区 250 县市，勾勒出一个总面积达 200 万平方公里的西部玉矿资源区。初步确认玄玉即史前蛇纹石玉料的原产地或主产地为渭河上游的甘肃武山县鸳鸯山（俗称鸳鸯玉）。在距今五六千年前就开启了"西玉东输"运动，玉成为连接中原与西部的第一种神圣物资交换。这也是丝绸之路中国段开启的最早物证，或可喻为"中原文明发生的曙光"。

2020 年 12 月，上海市社会科学重大委托项目"中华创世神话考古研究·玉成中国"丛书第一部《玄玉时代：五千年中国的新求证》和第二部《禹赐玄圭：玉圭的中国故事》出版，首次梳理出中原玉文化发生史的第一个时代，即距今 5500 年至 4000 年以深色蛇纹石玉为主的时代。此次"玄玉时代"特展集中呈现仰韶文化腹地关中平原最早的玉礼器群，以咸阳市尹家村一地出土的玉石器为主，作为对中国史前持续时间最久的仰韶文化的珍贵纪念和追忆。

玉器时代开启于距今1万年的东北地区。玉斧钺脱胎于石斧，是近1万年来延续不断的最重要的玉礼器之一。玄玉时代的玉斧钺特展，将有效呈现中华文化上五千年与下五千年的衔接与转型。这有助于打开思考中国历史文化的新契机，寻根问祖，饮水思源，提升文化自觉和文化自信，给方兴未艾的文创和旅游产业带来重要启迪。

## 3. 仰韶文化介绍

仰韶文化（公元前5000年至前3000年）是黄河中游地区新石器时代的考古学文化，以关中、豫西、晋南为中心，分布在西至河湟、北至河套、东至太行山、南至汉水的广大区域。仰韶文化的发现成为中国考古学诞生的起始点，其命名来源于第一个发掘地——瑞典学者安特生在河南渑池县发现的仰韶村遗址。

仰韶文化划分为多个类型，其遗址发现较多的，是距今约6000年的（西安）半坡类型和距今5000多年的（河南陕县）庙底沟类型。

## 4. 尹家村遗址介绍

尹家村新石器时代遗址，是在1957年10月咸阳县的文物普查工作中发现的。遗址东北距咸阳县城10公里，位于渭河北岸边缘东西向的台地上。遗址范围东西长1750米，南北宽750米，总面积130万平方米。尹家村位于遗址的南面。

尹家村遗址地理环境优越，不但面积大，文化遗物也十分丰富。它的灰层很厚，灰坑很密，可知当时是一个大的聚落。在普查中，陕西省文物管理委员会征集和采集到石器23件，陶器和陶片31件，骨簪1件。此后又陆续采集到文物。就彩陶与磨光石器共存的现象看，遗址的时代应该与西安半坡相当。其石斧带孔、石锛、石凿做工精致，制作时代可能略晚。

## 5. 辅助展板

陶器：本次展出的尹家村陶器，包括完整的2件尖底瓶（14544、14621）、1件陶杯（14614）等。其中，小口尖底瓶是仰韶文化的典型陶器，关于其功能，有汲水器、酿酒器、礼器等多种说法。

石器：本次展出的尹家村石器，包括10件石斧、1件石凿和3件石锛。石器是仰韶先民的生产工具，部分石器可能还具有礼器的作用。从用于砍伐的生产工具到象征王权、军权和神权的礼器，源远流长的斧钺文化传统从石斧开始。

玉器：本次展出的尹家村玉器，包括17件玉斧钺。其中大多数材质为深色蛇纹石玉，个别为浅色方解石（这与灵宝西坡出土玉钺群的情况相似）。玄玉时代先民虽然还没有优质透闪石玉（和田玉）资源，但用"美石"制作的斧钺照样开启着社会奢侈品和社会礼仪的"显圣物"功能。

华夏先民普遍信奉宝玉通灵的神话原理。

费孝通先生曾用四个字概括中国文明发生的特色：玉魂国魄。

然而对远古用玉的颜色，过去基本没有实证研究的条件。国人普遍信奉的是商周以来以白玉为至尊的价值观。仰韶文化黑色或墨绿色蛇纹石玉器的批量新发现，第一次为中原文化的五千年以上寻根探索带来前所未有的珍贵证物！

从渭水河畔尹家村，到泾渭交汇处的杨官寨，再到渭河、黄河交汇处的河南灵宝，数十件黑色或绿色的玄玉文物，犹如五六千年前八百里秦川大地上连成一线的黑珍珠，将彻底激活我们对那个遥远时代社会生活和社会分化情况的丰富联想……

关于"玄玉时代"。

在先秦古籍中主要有六种记录，集中体现着华夏先民对古玉颜色的特殊记忆，也依稀呼应着《礼记》所云"夏人尚黑"礼俗和《道德经》形容天地之始的神圣性景观为"玄之又玄，众妙之门"：

《礼记·月令》：孟冬之月……天子居玄堂左个，……衣黑衣，服玄玉。

《礼记·玉藻》：天子佩白玉而玄组绶，公侯佩山玄玉而朱组绶（组绶，指佩玉用的彩色丝带）。

《尚书·禹贡》：禹赐玄圭，告厥成功。（孔安国传：玄，天色。）

《山海经·西山经》：是有玉膏，其原沸沸汤汤，黄帝是食是飨。是生玄玉（郭璞注：黑玉）。

《楚辞·招魂》：红壁沙版，玄玉梁些。

《穆天子传》：天子宾于西王母，乃执白圭玄璧。

玄玉礼器，展现的是文明国家诞生前，渭水哺育的仰韶文化先民切磋琢磨的工艺功夫，他们礼天祭祖的虔敬精神，他们想象的天玄地黄的宇宙图景。

# 咸阳博物院玉器数据采集分析报告

曹静

时间：2021 年 5 月 28 日

地点：咸阳博物院

采集文物信息编号：（1~3）

#1

2265

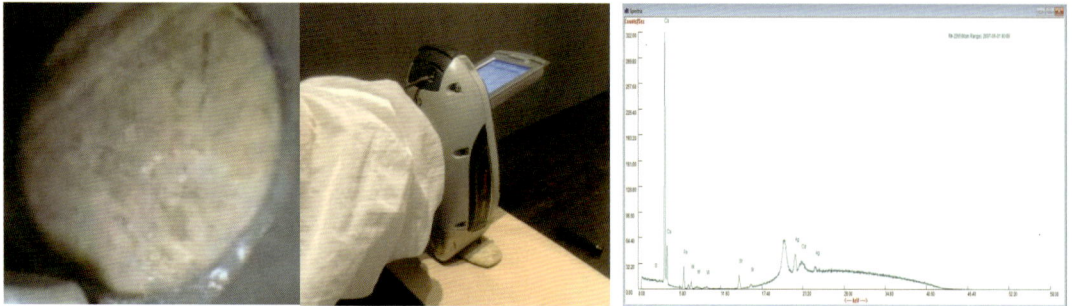

#2

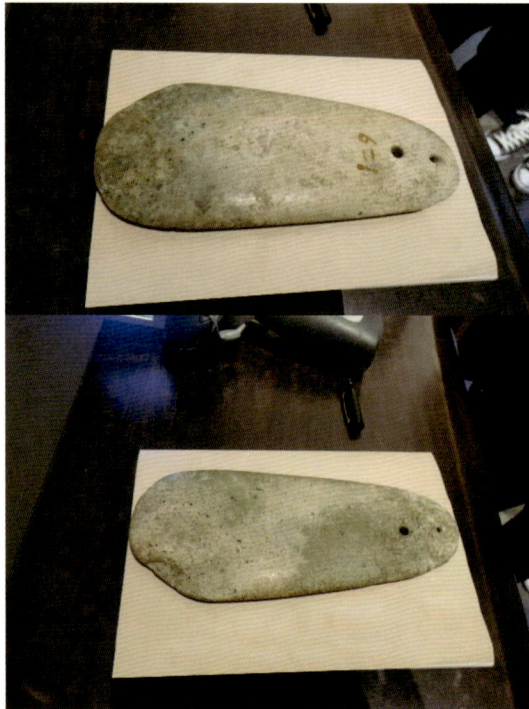

2273

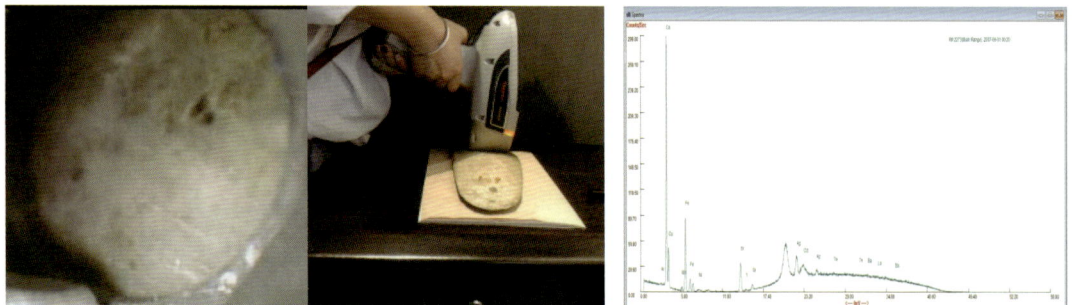

#3

2286

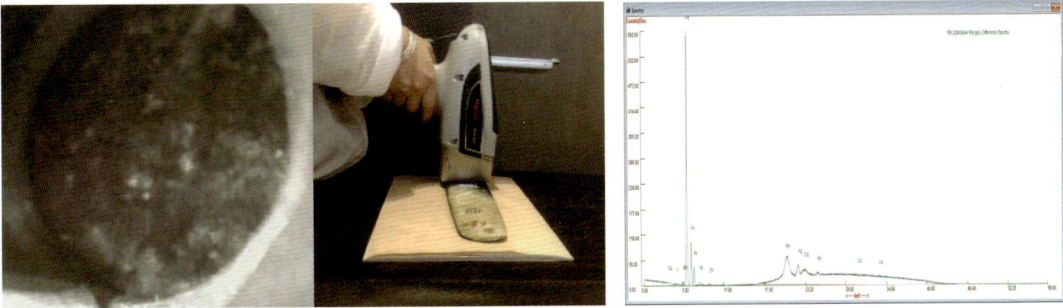

一号玉器样通过多点 X-射线能谱仪进行元素组成分析，检测结果如下：

该玉器化学组成主要元素为 Ca、Fe、Mn，且其中伴有 Cu、Zn 元素的混入。推测可能的化学分子式为 $CaMn(SiO_3)_2-CaFe(SiO_3)_2$，属层状含水锰硅酸盐矿物，对照元素组成与主成分含量，其与辉石中常见的一种透辉石元素组成近似，属于单斜晶系硅酸盐矿物。常见颜色主要为蓝绿色至黄绿色、褐色、黄色、紫色、无色至白色。结合透辉石标准 x 射线能谱特征，推测该玉器为透辉石玉。

二号玉器样通过多点 X– 射线能谱仪进行元素组成分析，检测结果如下：

该玉器化学组成主要元素为 Fe、Mn，且其中伴有 Cr 元素的混入。推测可能的化学分子式与一号玉器相似，为 $FeMn(SiO_3)_2$–$CrFe(SiO_3)_2$，也属层状含水锰硅酸盐矿物，对照元素组成与主成分含量，其与辉石中常见的一种透辉石元素组成近似，属于单斜晶系硅酸盐矿物。推测该玉器为透辉石玉。

三号玉器样通过多点 X– 射线能谱仪进行元素组成分析，检测结果如下：

该玉器化学组成主要元素为 Fe、Cr、Ni，且其中伴有 Zn 元素的混入。推测可能的化学分子式与一号玉器相似，为 $CrFe(SiO_3)_2$，也属层状含水锰硅酸盐矿物，对照元素组成与主成分含量，其与红山玉中的蛇纹石玉组成相近，其成分均为钙镁硅酸盐 $CaMg(SiO_3)_2$，为类质同象系列。推测该玉器为蛇纹石玉。

附录三

# 尹家村遗址出土玉石器检测结果 [1]

刘卫东

　　共检测 30 件样品，其中 12 件为蛇纹石玉，1 件为碧玉，其余 17 件均为石器。

　　蛇纹石玉样品号：1—0009、1—18、1—0031、00059、00061、00063、00065、00069、00070、00071、00072、00075。

　　碧玉样品号：1—0021。

　　石器样品号：1—0001、1—0007、1—0011、1—24、1—0028、00057、00058、00060、00067、00068、00077、00078、00080、00081、00082、00084、00085。

---

[1]　样品数量之后有增补，编号亦有变动。

仰韶文化蛇纹石玉钺（局部），土沁严重

龙山文化蛇纹石玉钺（局部）

龙山文化透闪石玉钺（局部），受沁轻微

# 后记

## "玄玉时代"研究大事记

1. 约公元前 4 世纪：佚名作者著《尚书·禹贡》云："禹赐玄圭，告厥成功。"

2. 约公元前 4 世纪：佚名作者著《礼记·月令》云："孟冬之月……天子居玄堂左个……衣黑衣，服玄玉。"

3. 约公元前 4 世纪：佚名作者撰写《山海经》，在《西山经》中记录了峚山丹水流域的神圣物产，有为黄帝所食的白玉和可食用的玉膏。玉膏又生出玄玉，黄帝采集玄玉之花，将其播种到钟山。移植播种成功的玄玉，又被美称为瑾瑜，为天下至宝。

4. 约公元前 4 世纪，佚名作者著《穆天子传》云："天子宾于西王母，乃执白圭玄璧。"这是先秦古书中又一次将白玉和玄玉并举对应的例子。

5. 约公元前 270 年，屈原著《楚辞·招魂》云："红壁沙版，玄玉梁些。"

6. 约公元 320 年，晋代文字学家兼博物学家郭璞注解《山海经》玄玉为黑玉。

7. 公元 1590 年，明末制墨名家程君房创作出圆饼形玄玉墨，正面题阳文篆书"玄玉"二字，背面题阳文篆书"太阴之精"四字。

8. 约公元 1680 年，吴任臣著《山海经广注》，称玄玉"今谓之墨玉"。

9. 2004 年，湖北人民出版社在中国文化的人类学破译系列丛书中推出有史以来研究《山海经》篇幅最大的专著《山海经的文化寻踪》（叶舒宪、萧兵、郑在书合著），未能解决玄玉为何物的问题，留下遗憾。

10. 2010年，中国社会科学院考古研究所等编的考古报告《灵宝西坡墓地》出版，第一次以彩图的形式呈现12件仰韶文化庙底沟期玄玉玉器，其中11件为玉钺，1件为玉环残件。

11. 2017年4月27日，文学人类学研究会组织第十一次玉帛之路（陇东陕北道）考察，在甘肃宁县博物馆发现文博系统将玄玉文物误判为石器的情况，认识到史前社会的玄玉制成品在渭河各大支流流域普遍存在，多为仰韶文化遗物。

◎图为笔者2017年4月27日（第十一次玉帛之路考察），在宁县博物馆当场鉴定"石斧"应为墨绿色玄玉玉钺

12. 同月在中国甘肃网发表《马莲河畔公刘坪 史前玄钺露玄机》《仰韶玉钺知多少——从正宁到庆城》等系列文章。

13. 2017年5月25日，在《中国社会科学报》上发表《认识玄玉时代》一文，首次提出"玄玉时代"这一重大理论命题。

14. 2018年6月30日，灵宝西坡仰韶大墓发掘者、河南博物院院长马萧林邀请本人做讲座，在河南省文化厅、河南博物院主办的中原国学讲坛（第234讲）上讲授"玄玉时代"。

15. 2020年3月，在《安徽大学学报》2020年第1期上发表《玄玉时代钩沉——四重证据法的新尝试》专题论文。

16. 2020年12月，《玄玉时代：五千年中国的新求证》一书由上海人民出版社出版，作为"中华创世神话考古研究·玉成中国"系列中的一部。

17. 2021 年 2 月，在咸阳博物院网站发现被误判为石斧的玄玉玉钺标本，嘱托本书副主编王伟硕士去咸阳博物院接洽马社强院长，验证文物实为仰韶玉钺。

18. 2021 年 5 月 21 日，咸阳博物院举办仰韶玉韵特展暨玄玉时代专家论坛。

19.《华夏考古》2021 年第 4 期，刊登由河南省文物考古研究院、三门峡市文物考古研究所、渑池县文化广电和旅游局三家合作撰写的《河南渑池仰韶村遗址第四次考古发掘 2020 年度简报》，首次在仰韶村即 1921 年瑞典安特生发现仰韶文化的始源地发现墨绿色蛇纹石玉器。

◎ 2020 年仰韶村发掘出土的玄玉环残件（左下 3）

20. 2021 年 12 月，新华社报道《河南苏羊遗址发现距今 5000 年前后多元文化交流重要实证》，公布了仰韶文化玉钺的照片，它又是一件墨绿色蛇纹石玉质的钺。

21. 2021 年 12 月 3 日，新华社客户端发表的《黄河流域中华文明探源取得新突破》一文，报道了甘肃省张家川县圪垯川仰

◎河南苏羊遗址新发现仰韶文化玉钺（新华社供图）

韶文化遗址出土的玄玉权杖头，并附彩照。

22.2023年5月，5件仰韶文化玄玉玉钺，入选陕西历史博物馆举办的"玉韫·九州——中国早期文明间的碰撞与聚合"特展。

23.2023年9月，"仰韶玉韵"展整体借展到甘肃武山县博物馆。

操千曲必晓声，观千剑必识器。

这是梁朝文论家刘勰在《文心雕龙·知音篇》中所发出的感叹。

中国的历史号称上下五千年。上五千年加下五千年，即整整一万年。这一百个世纪留下来的、在各个博物馆和民间流传的文物，不计其数，浩如烟海。肯定有相当一部分文物得不到正确的认识，被误认和误读。考古和文博系统人士，与非考古、文博系统人士，都有责任去纠正错误，将那些没有被正确辨认的文物，有效地辨识出来，恢复其本来面目，揭示其所蕴含的历史和文化价值。2021年5月，恰逢举国纪念仰韶文化发现一百周年和中国考古学诞生一百周年，上海交通大学神话学研究院协助咸阳博物院举办"仰韶玉韵特展暨玄玉时代专家论坛"，这就是本书的缘起。

这一事件，属于非考古、文博系统的人士，成功辨识出一系列中华上五千年国宝文物的生动案例，其经验前提是2013年展开的持续多年的玉石之路田野考察活动。这个大事记，介绍了有关仰韶文化玄玉发现的始末，有助于读者理解和欣赏本书展示的对象。

致谢为本书赐序的三位先生：王仁湘、刘云辉、张三夕，还有专程赴咸阳拍摄玉钺标本的温雅棣、史永，协助本书出版的关中民俗艺术博物院院长王勇超，责编张呈瑞，美编张一。

叶舒宪

2025年3月17日